Angriff und Gegenspiel

franckh Schach

Paul Tröger

Angriff und Gegenspiel

Pläne – Pointen – Pleiten

 Schach

Franckh'sche
Verlagshandlung
Stuttgart

Mit 201 Diagrammen im Text

Umschlaggestaltung von Kaselow Design, München, unter Verwendung eines Dias von Uwe Höch. Das Bild zeigt eine Stellung aus dem Kapitel „Pleiten" (S. 75).
Figuren und Brett stammen aus dem Sortiment der Horten Warenhaus AG.

Lektorat: Siegfried Fischer, Stuttgart

CIP-Kurztitelaufnahme der Deutschen Bibliothek

Tröger, Paul:
Angriff und Gegenspiel: Pläne — Pointen — Pleiten / Paul Tröger. — Stuttgart: Franckh, 1987.
(Franckh-Schach)
ISBN 3-440-05736-4

Franckh'sche Verlagshandlung, W. Keller & Co., Stuttgart/1987
Das Werk, einschließlich aller seiner Teile, ist urheberrechtlich geschützt. Jede Verwertung außerhalb der engen Grenzen des Urheberrechtgesetzes ist ohne Zustimmung des Verlages unzulässig und strafbar. Das gilt insbesondere für Vervielfältigungen, Übersetzungen, Mikroverfilmungen und die Einspeicherung und die Verarbeitung in elektronischen Systemen.
© 1987, Franckh'sche Verlagshandlung, W. Keller & Co., Stuttgart
L 9 Fi H vk / ISBN 3-440-05736-4
Printed in Germany / Imprimé en Allemagne
Fotosatz und Diagramme:
Werbeservice M. Gluth, Kelkheim 2
Herstellung: Wilhelm Röck, Weinsberg

Inhalt

Angriff und Gegenspiel

Was man zum Nachspielen wissen muß 6
Schachspielen dürfen — wunderbar 7

1. Kapitel — Pläne 8
Planungen mit Damenopfer .. 9
Tricks mit Freibauern 11
Anscheinend unausrottbar 13
Demaskierung 15
Simplex sigillum veri 17
Linienöffnung, Ablenkung 19
Jagdgeschichten 21
Falsch und richtig 23
Spatz oder Taube? 25
Die Kunst des Abwickelns ... 27
Nachtisch für jeden Geschmack 29

2. Kapitel — Pointen 31
Schema-F-Züge 33
Fesselnd fesselnd 35
Lockvögel 37
Über Freibauern gestolpert ... 39
Geben Sie doch einfach „Schach"! 41
Sperrzüge — Speerspitzen 43
Damenopfer! Opfer?? 45
Springers Traum: Familienschach 47
Vier Blattschüsse 49
Entfesselungskünstler 51
Pointen im Endspiel 53
Vier „Abziehbilder" 55
Doppelt genäht 57
„Winkelried(e)" 59
Begründung: Grundlinie 61
Vier Zeitzünder 63
Ahnungslos? Mißtrauisch! 65

Ein göttlicher Funke 67
K.o.-Züge. Bitte Beifall 69
Sehr selten: Unterverwandlung 71

3. Kapitel — Pleiten 73
„Nur" Materialverlust 75
Selbstverständliche Züge 77
Viele Wege zum Verlust 79
Remis statt Gewinn 81
Vier Selbstmörder 83
Verlust statt Remis 85
Mattblinde Gesellen 87
Verlust statt Gewinn 89
„Meisterleistungen" 91
Pleitegeier im Glück 93

4. Kapitel — Stories 95
Berührt – geführt 95
Turm-Tragödie 95
Artikel 8 96
Gut erfunden! 96
Fingerfehler 98
Der gleiche Fall 98
Der Abgabezug 99
Die Mattdrohung 100
Unruhige Nacht 100
Das Angebot 101
Schwerer Fall 102
Was heißt „sportlich"? 102
Keine böse Absicht 103
50 Minuten! 104
50-Züge-Regel 105
Zeitkontrolle 106
„In Zeitnot sein" 106
Sekundenbruchteile 107
Nicht denken! Ziehen! 107
Halluzination 108
Blackout 109

Inhalt

Fernschach 110
Kommentator irrte 110
Zugwiederholung 112
Vergeudung 113
Varia 114
Nicht ärgern! 115
Der einzige Verlust 115
Die Legende vom
Wartenkönnen 116
Am seidenen Faden 117
Polygamie 118
Fünf Damen! 118

Verzeichnis der „Mitarbeiter" . 119

Was man zum Nachspielen wissen muß

Für das Aufschreiben der Züge wird in diesem Buch die „abgekürzte" Notation (Kurznotation) verwendet. Bei der abgekürzten Notation werden Ausgangsfeld und Bindestrich weggelassen. Die Figur wird mit dem großen Anfangsbuchstaben, in manchen Veröffentlichungen mit einem Figurensymbol bezeichnet; auf das „B" (für Bauer) wird der Einfachheit halber verzichtet. Falls zwei gleiche Figuren auf das gleiche Feld ziehen können (bei Springer oder Turm), muß der ursprüngliche Standort (Angabe der Reihe oder der Linie) hinzugefügt werden. Wenn zum Beispiel zwei Springer auf c3 und d2 stehen und derjenige auf c3 zieht nach e4, lautet der Zug in der abgekürzten Schreibweise Sce4.

Das Schlagen eines Steins wird durch x gekennzeichnet, zum Beispiel Dxf3.

Schlägt ein Bauer, wird die Linie angegeben, auf der er steht, und die Linie und das Feld auf die er hinüberwechselt, z. B. fxe5. Die Züge 1.e2-e4 d7-d5 2.e4xd5 heißen in Kurzform 1.e4 d5 3.exd5.

Stehen drei Punkte hinter der Zugzahl (zum Beispiel 1. . . . .), folgt ein Zug der schwarzen Partie; der weiße Zug ist also bereits geschehen.

Die in diesem Band vorkommenden Schachzeichen sind:
x   schlägt
e.p.   en passant (schlagen im
         Vorbeigehen)
†   Schach
††   Doppelschach
#   matt
!   guter Zug
!!   sehr guter Zug
?   schwacher Zug
??   grober Fehlzug
0—0   kurze Rochade
0—0—0   lange Rochade.

Bei der Umwandlung eines Bauern in Dame wird das Symbol der Figur, in die sich der Bauer verwandelt, hinter den letzten Zug des Bauern auf die Grundreihe gesetzt.

Schachspielen dürfen — wunderbar!

Es ist unglaublich, was junge Spieler heute alles über Schacheröffnungen wissen! Es bereitet ihnen anscheinend Vergnügen, ihre Spezialvarianten bis in die letzte Verzweigung auswendig zu lernen. Sie speichern ihr Wissen wie ein Computer, immer abrufbar. Seltsam, bei den unregelmäßigen französischen Verben passen sie, auch bei mathematischen Formeln oder langweiligen Zahlenreihen im Geschichtsunterricht.

Der Satz, der über diesem Vorwort steht, hat noch einen zweiten Teil: Schachspielen müssen — schrecklich! Er stammt von dem unvergessenen deutschen Großmeister Fritz Sämisch und enthält, wie so oft bei seinen Bonmots, eine Übertreibung. Die großen Meister empfinden ihren Beruf keineswegs als schrecklich, aber ebenso sicher oft auch nicht als reines Vergnügen. Für sie ist Schach Arbeit.

Dieses Buch will kein Lehrbuch sein, höchstens ein kurzweiliges Praktikum, wenn ein Leser unbedingt die Pointen für seine Turnierpraxis nutzen will oder sich vornimmt, Pleiten, wie sie hier gezeigt werden, aus dem Wege zu gehen. In keinem der über 190 Beispiele wird der belehrende Zeigefinger erhoben.

Es wäre schön, wenn Sie jedes Diagramm als Rätsel sehen würden und das ganze Buch als ein Rätselheft; als ein Buch voller Schach-Rätsel.

Übrigens sind fast alle Beispiele austauschbar, was ihre Zuordnung zu einem der drei Kapitel anbelangt. Ich habe mich bemüht, zu den Diagrammen möglichst wenig Aussagen zu machen. Jeder Hinweis stört die Unbefangenheit. Unbedingt notwendige Hinweise wurden jedoch nicht unterlassen, z. B. bei Problemen und Studien. Würde man bei E. Richters „Matt in vier Zügen" (untenstehendes Diagramm) die Forderung „in vier Zügen" weglassen, würde unnötigerweise Schwerarbeit verlangt. (Lösung: 1.Ta8 Txa8 2. Dd4 Tg8 3. Tg6 hxg6 4.Dh4 ≠ oder 3. . . .h6 bzw. h5, dann 4.Th6 ≠.)

Ich wünsche Ihnen beim Schmökern in diesem Buch ebensoviel Vergnügen, wie ich es beim Sammeln der Beispiele hatte . . .

Paul Tröger

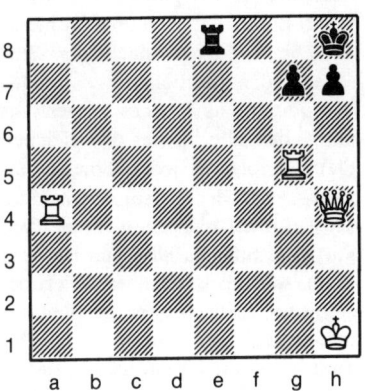

Matt in vier Zügen

E. Richter, 1958
„Der Tagesspiegel", Berlin

1. Kapitel

Pläne

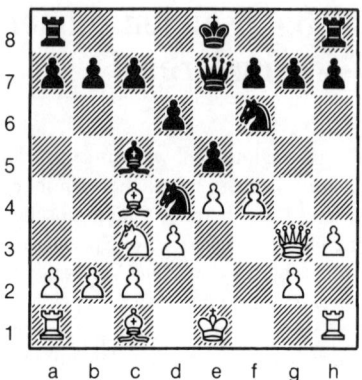

Weiß am Zug

Im Grunde genommen ist jede noch so kleine Kombination schon ein Plan. In jedem Fall ist sie immer die Spitze eines vorhergegangenen Plans — oder Ergebnis einer Fehlplanung, denn auch dem Fehler liegt ein Plan zugrunde. Das Studieren von eröffnungstheoretischen Lehrbüchern, das Einpauken von Eröffnungssystemen entspringt schließlich in allererster Linie dem Wunsch, mit einem schon von Meistern geprüften Plan und anhand überzeugender Vorbilder (Meisterpartien) die schwierige Phase der Eröffnung gut zu überstehen. Es wäre falsch, in diesem Kapitel eine Art „Hohe Schule des Planens" zu sehen. Es werden nur Anregungen vermittelt. Beim Lösen des Stellungsproblems und beim Suchen nach den entscheidenden taktischen Wendungen (Kombinationen) ist es keineswegs nötig, daß alle Spieler den gleichen Plan verfolgen. Jeder Spieler hat seinen eigenen persönlichen Stil, der natürlich nicht immer mit dem Stil jenes Spielers identisch ist, dem er in seinem Buch ebenso lernbegierig wie kritisch über die Schulter schaut. Dr. Tartakower sagt: „Der Taktiker muß wissen, was er zu tun hat, wenn es etwas zu tun gibt. Der Stratege muß wissen, was er zu tun hat, wenn es nichts zu tun gibt!" Was also ist in der Stellung auf dem nächsten Diagramm zun tun?

In jeder Partie kommt der Punkt, wo das zuvor Gelernte nicht mehr weiterhilft und ein eigener Weg gegangen werden muß. Die Stellung auf dem Diagramm kam 1923 auf zwei Turnieren aus zwei verschiedenen Eröffnungen heraus auf das Brett. Sehen Sie, wie die vier Spieler diese Stellung behandelten.
I. Beim Kampf um die amerikanische Meisterschaft der Großmeister Frank Marshall und Eduard Lasker in einer „Wiener Partie": 1.e4 e5 2.Sc3 Sf6 3.Lc4 Sc6 4.d3 Lc5 5.f4 d6 6.Sf3 Lg4 7.h3 Lxf3 8.Dxf3 Sd4 9.Dg3 De7.
II. In Mährisch-Ostrau Großmeister Rubinstein gegen Hromadka aus einem abgelehnten Königsgambit heraus: 1.e4 e5 2.f4 Lc5 3.Sf3 d6 4.Sc3 Sf6 5.Lc4 Sc6 6.d3 Lg4 7.h3 Lxf3 8.Dxf3 Sd4 9.Dg3 De7.
(Warum zog Schwarz beide Male nach 9.Dg3 nicht 9. . . .Sxc2†?. Weil

Planungen mit Damenopfer

10.Kd1 Sxa1 11.fxe5 dxe5 12.Dxg7 klaren weißen Vorteil ergibt.)
Sehen wir uns nun an, wie Marshall und Rubinstein die weiße Stellung behandelten (oder mißhandelten).

I. Der immer angriffslustige Marshall jagt einem nebelhaften Figurengewinn nach und landet nach einer Reihe planloser Züge in einem verlorenen Turmendspiel: 10.Lb3 0-0-0 11.Tf1 Sf5 12.Dg5 (exf5, exf4† und Damenverlust) 12. . . .g6 13. fxe5 Dxe5 14.Df4 De7 15.g4 d5! 16.gxf5 g5 17.Df3 dxe4 18.dxe4 Lb4 19.Lxg5 Thg8 20.Lh4 Td4 21. Ld5 Te8 22.Lxf6 Dxf6 23.Tad1 c6 24.Txd4 Dxd4 25.a3 Lxc3† 26.bxc3 Dxd5 27.Dd3 Dxe4† 28.Dxe4 Txe4† 29.Kd2, und Schwarz löste mühelos den technischen Teil.

II. Rubinstein baute seinen Angriff planvoll mit taktischen Glanzlichtern auf. Nach dem 29. Zug stand Marshall „auf Verlust", nach dem 29. Zug gab Rubinsteins Gegner auf. Und so behandelte Rubinstein die Diagrammstellung: 10.fxe5 dxe5 11. Kd1! c6 12.a4 Tg8 13.Tf1 h6 14. Se2 0-0-0 15.Sxd4 Lxd4 16.c3 Lb6 17.a5 Lc7 18.Le3 Kb8 19.Kc2 Ka8 20.Tf3 Sd5 (geistreich, aber ungenügend) 21.Lg1 Sf4 22.Df2 Lb8 23.g3 Sxh3 24.Txf7 Dd6 25.Db6! Td7 26.Lc5 Txf7 27.Lxd6 Tf2† 28. Dxf2 Sxf2 29.Lc5, und Schwarz gab auf (es hängen Tg8 und Sf2).

Ein Vorschlag:
Vielleicht spielen Sie mal mit einem Partner oder Ihrem Computer die Diagrammstellung durch. Ich bin gespannt, was dabei herauskommt. . . .

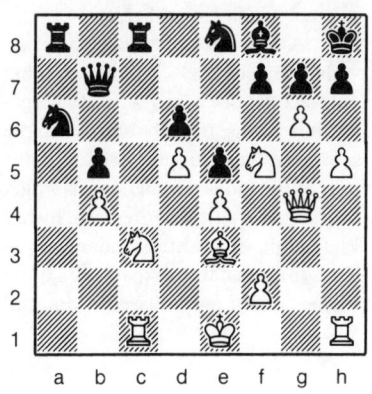

1

Weiß am Zug

Kortschnoi – Bastrikow
Taschkent 1958

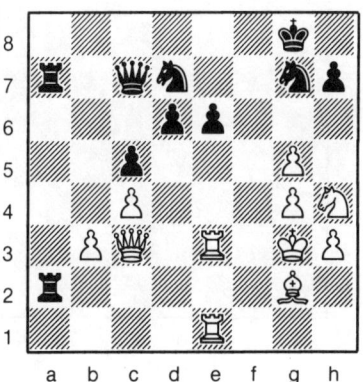

2

Weiß am Zug

Rossetto – Cardoso
Interzonenturnier
Portoroz 1958

Planungen mit Damenopfer

Letzter Trumpf entscheidet

| 1 | Kortschnoi (Weiß) hat eine vielversprechende Angriffsstellung aufgebaut, doch trotz weit vorgeprellter Königsflügelbauern kann die schwarze Verteidigungsstellung nur mit Hilfe eines Damenopfer-Angebotes geknackt werden. Schwarz verteidigt sich aktiv, indem er in der Voraussicht, einmal selbst die Dame geben zu müssen, Material sammelt. Es geschah 1.h6! fxg6 2.Dxg6! gxh6 (Ablehnung erzwungen, da auf 2....hxg6 3.hxg7†† [Doppelschach] Kg8 4.Th8† Kf7 5.Txf8# folgt) 3.Lxh6! Lxh6 (wieder war die weiße Dame wegen der Doppelschachdrohung Lg7 tabu) 4.Dxh6 Df7 5.Ke2 Sxb4 6.Tcg1 Txc3 7.Tg7 Ta2† 8.Kf1 Ta1† 9.Kg2 Dxg7† (auch Schwarz hat weit gerechnet) 10.Sxg7 Txh1 11.Kxh1 Sxg7 (materiell hat Schwarz nun zwei Springer und Turm für die Dame, was ein gutes Geschäft wäre, wenn diese Macht zum Zusammenspiel käme. Aber:) 12.Dxd6! (droht Df8# und greift Sb4 an) 12....Kg8 13.Dxb4 Tc4 14.De7, und der d-Bauer kostet den Turm. Schwarz gab auf.

Tödliche Linien

| 2 | Cardoso droht d5† nebst d4 mit Turmgewinn. Der weiße Plan ist, mit Läufer- und Damenopfer entscheidende Linien für seine Türme zu öffnen und gleichzeitig das Feld f5 für seinen Springer freizukämpfen. Das geschah mit: 1.Ld5! (Blockade des Bd6 und Bedrohung des Be6) 1....exd5 (Sf8 genügt nicht wegen 2.Txe6 Sfxe6 bzw. Sgxe6 3.Txe6 Sxe6 4.Lxe6† Kf8 5.Df6† Ke8 6.Sf5 schließt das Mattnetz) 2.Dxg7†! (überraschend und stark! Der letzte Verteidiger verschwindet) 2....Kxg7 3.Sf5† Kg6 (Kg8 4.Sh6†) 4.Te6† Sf6 5.Txf6† Kxg5 6.Tee6 Tg2† (um h4# zu verhindern) 7.Kxg2 Dd8 8.Se7, und Schwarz gab auf, denn er kann das Mattnetz nicht mehr zerreißen.

Zugzwang-Wunder — der Springer

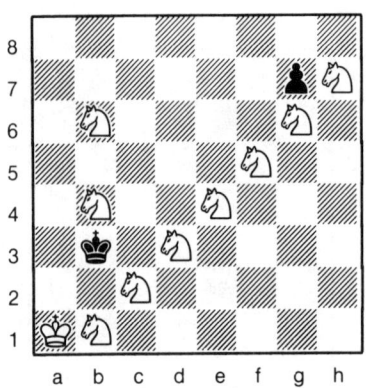

Selbstmatt in fünf Zügen

Von K. Fabel und Dr. G. L. Sonntag 1958
Lösung: 1.Sf6 gxf6 2.Se5 fxe5 3.Sd4 exd4 4.Sec3 dxc3 5.Sb2 cxb2#!

Tricks mit Freibauern

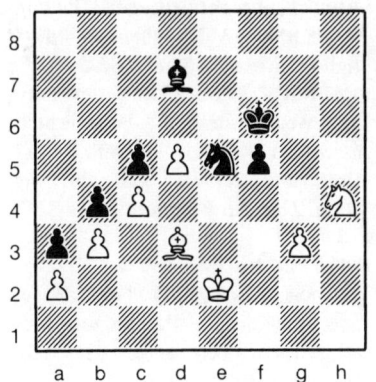

3 Schwarz am Zug

Minew – Portisch
Halle 1967

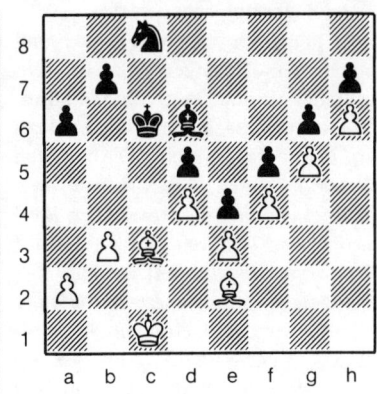

4 Schwarz zog Sa7

O'Kelly – Wood
Heidelberg 1949

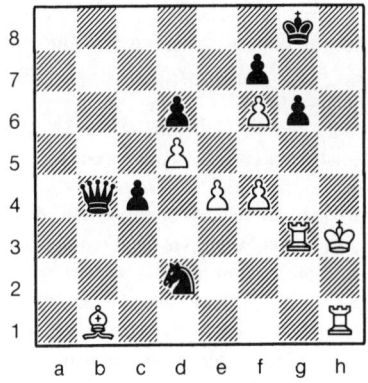

5 Weiß am Zug

Stubik – Kozma
CSSR 1957

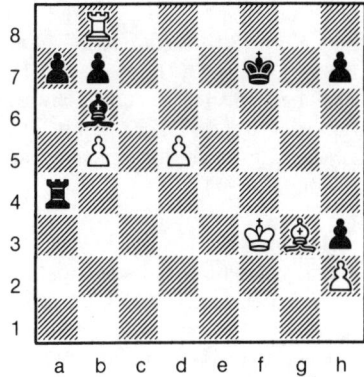

6 Schwarz zog h5

Sherman – Eley
Brit. Meisterschaft 1972

Tricks mit Freibauern

Alles für a3!

3 Portisch (Schwarz) sah, daß nach dem Schlagen von b3 sein a-Bauer „in die Dame" laufen könnte. Aber wie setzt man diesen Plan in der Partie durch? Die meisten Spieler kennen dieses Motiv, wie man einen weit vorgepreschten Bauern (hier a3) durch Opfer (hier auf b3) zum Gewinn nützen kann — aber sicher nur wenige hätten hier den Gewinnweg gefunden: 1....f4! 2.gxf4 Lg4† 3.Kd2 Sxd3 4.Kxd3 Ld1 nebst 5....Lxb3 6.axb3 a2 und a1D! (bzw., wenn Weiß nicht auf b3 zurückschlägt, nach Lxa2 zwei riesige schwarze Freibauern). Aber Minew (Weiß) durchschaute den Plan und spielte nach 1....f4 2.Le4, und Portisch gewann fein mit 2....fxg3 (droht Sxc4) 3.Sg2 Lg4† 4.Kd2 Sxc4†! 5.bxc4 b3 6.Lb1 Lf5! (und gewinnt beide weiße Figuren) 7.Kc3 Lxb1 8.Kxb3 Ke5 9.Kxa3 Le4 10.Se1 g2 11.Sxg2 Lxg2 12.Ka4 Kd4 13.Kb5 (d6, Kxc4 14.d7 Lc6†) 13....Lf1! 14.d6 Lxc4† 15.Kb6 Le6 16.a4 Kd5, und Schwarz gab auf (auf 17.Kc7 läuft der schwarze c-Bauer mit Schachgebot „in die Dame").

Nichts für h7!

4 Nachdem wir gesehen haben, wie Portisch seinen Plan auch gegen stärksten Widerstand durchführte, können wir erkennen, daß Woods (Schwarz) Zug 1....Sa7 ein Verlustzug war. Der leichtsinnige Springer ließ nämlich seine Königsflügelbauern im Stich (nach dem auf der Hand liegenden 1....Se7 kann Weiß nicht mehr gewinnen). Es folgte 2.Lh5! Lf8 3.Lxg6 hxg6 4.Lb4! Lxb4 5.h7 Sc8 6.h8D Se7 7.De8† Kc7 8.Kb2 Ld6 9.a3 a5 (interessant, daß Weiß ohne den a-Bauern nicht gewinnen könnte) 10.Da8 b6 11.De8, und Schwarz gab auf, weil er in Zugzwang kommt.

Alles für den d-Bauer!

5 Stubiks (Weiß) Plan war, seinen blockierten d-Bauern zum Freibauern zu befördern, der dann triumphierend „in die Dame" läuft. Als Hebel für diesen Plan wird die Mattdrohung auf h8 benützt. Also: 1.Kg4! (droht 2.Tgh3, so daß Schwarz keine Zeit hat, Lb1 zu schlagen) 1....Db2 (greift f6 an) 2.Tgh3 Dxf6 3.e5! dxe5 (erzwungen, d. h., auch Dg7 verhindert den weißen Plan nicht) 4.Th8†! Dxh8 5.Txh8† Kxh8 6.d6, und hat dank des Opfergangs der beiden weißen Türme kein Hindernis mehr, nach d8 zu laufen. Schwarz gab auf.

Nichts für h3!

6 Nach 1....h5? 2.Txb7† Kf6 3.Lb8 endete die Partie remis, weil Schwarz nicht erkannt hatte, daß er seinem weit vorgepreschten Bh3 sofort den Weg „in die Dame" freikämpfen konnte. Der Gewinnplan war: 1....Ta3† 2.Kg4 Txg3†! 3.hxg3 h2 nebst h1D. (Falls 3.Kxg3, so Lc7†, Lxb8, und Schwarz hat eine Figur mehr.) Natürlich gibt es noch viele andere Tricks mit Freibauern. Man findet sie in besonders geistreicher Form in berühmten Studien (künstlichen Endspielen).

Anscheinend unausrottbar

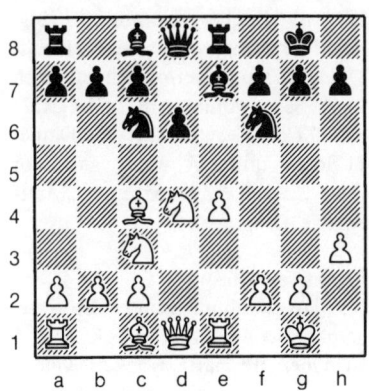

7

Schwarz zog 9. ...Sd7

v. Holzhausen – Dr. Tarrasch
Simultanspiel
Frankfurt 1912

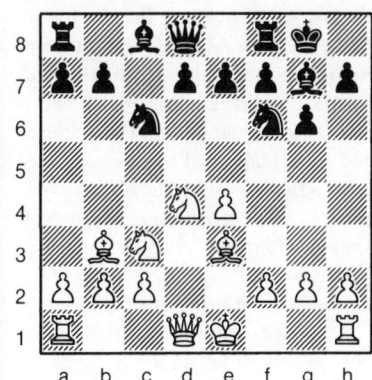

8

Schwarz zog 8. ...Sa5

R. Fischer – Reshevsky
New York 1959
Amerikanische Meisterschaft

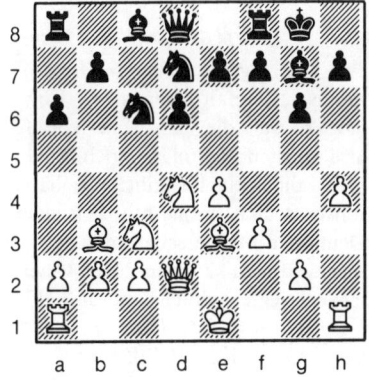

9

Schwarz zog 11. ...Sa5

Contoski – Heisler
Minneapolis 1965

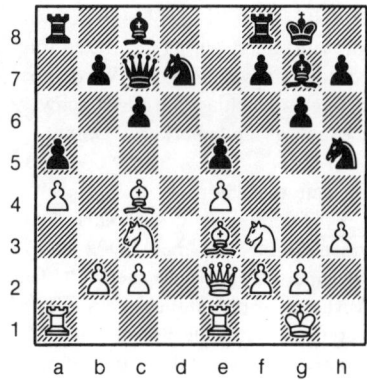

10

Schwarz zog 13. ...Te8

Dr. Ostermeyer – Buchal
Deutsche Meisterschaft
Menden 1974

Anscheinend unausrottbar

Es gibt in fast allen Eröffnungssystemen Chancen zu Fehlplanungen. Besonders deutlich wird das bei der Unbekümmertheit, mit welcher immer wieder auch starke Spieler den Einschlag auf f7 zulassen. Dazu vier Beispiele (für unzählige viele andere) aus einem Zeitraum von über 60 Jahren.

So war es 1912

7 Gewiß handelt es sich „nur" um ein Simultanspiel, in dem der Meister (hier der berühmte „praeceptor Germaniae" Dr. Siegbert Tarrasch) der hohen Streß-Situation auch mal Tribut zollen mußte. Die weißen Steine führte der Problemkomponist und angesehene Theoretiker v. Holzhausen, auch „am Brett" ein starker Spieler. Auf das unvorsichtige 9....Sd7 folgte ein doppeltes Hineinziehungsopfer 10.Lxf7†! Kxf7 11.Se6!, und Schwarz gab auf, denn auf 11....Kxe6 folgt Matt in zwei Zügen. Wird aber Se6 nicht geschlagen, verliert Schwarz die auf d8 eingekerkte Dame!

So war es 1959

8 Dieser Sieg des damals 16jährigen Bobby Fischer (1972 — 75 Weltmeister) ging um die Welt. Der Verlierer war nämlich kein Geringerer als Großmeister Samuel Reshevsky, viele Jahre der einzige „westliche" Großmeister, der den übermächtigen Sowjet-Großmeistern ebenbürtig war. So entstand die Diagrammstellung: 1.e4 c5 2.Sf3 Sc6 3.d4 cxd4 4.Sxd4 g6 5.Sc3 Lg7 6.Le3 Sf6 7.Lc4 0-0 8.Lb3!

Das ist Fischers berühmter Zug. Reshevsky zog, nichts befürchtend, 8....Sa5? und verlor schnell nach 9.e5! Se8 (wohin sonst?) 10.Lxf7† Kxf7 (Txf7 11.Se6 verliert die Dame) 11.Se6!, und Schwarz gab auf (11....Kxe6 12.Dd5† und „Matt-Spritze").

So war es 1965

9 Als Weiß mit 11.h4 losstürmte, glaubte Schwarz Zeit für 11....Sa5 zu haben. Er hatte, obwohl Amerikaner, entweder nichts von der Partie Fischer — Reshevsky gehört, oder sie vergessen. Natürlich, so möchte man salopp formulieren, schlug Contoski sofort 12.Lxf7† hinein. Es folgte 12....Kxf7 (auf Txf7 wäre 13.Se6 De8 14.Sd5 gefolgt) 13.Se6, und Schwarz gab auf (13....Kxe6 14.Dd5† bzw. 13....De8 14.Sc7 Dd8 14.Dd5†).

So war es 1974

10 Sechzig Jahre nach Dr. Tarraschs „Reinfall" gegen v. Holzhausen war die Schwäche von f7 in ähnlichen Stellungen noch immer nicht allgemein bekannt. Wie hätte sonst Buchal immerhin bei einer Deutschen Meisterschaft auf 13....Te8 verfallen können. Dr. Ostermeyer siegte schnell mit 14.Lxf7† Kxf7 15.Dc4† Kf8 (Kf6 16.Lg5†# bzw. 15....Ke7 16.Sd5† bzw. 15.Te6 16.Sg5†) 16.Sg5 (droht Matt auf f7) Te7 (Sd7 kann wegen 17.Lc5† Te7 18.Df7# nicht ziehen) 17.Sd5, und Schwarz gab auf (Dd6 18.Sxe7 Dxe7 19.Se6† Ke8 20.Sc7† und Kahlfraß mit Sxa8).

Demaskierung

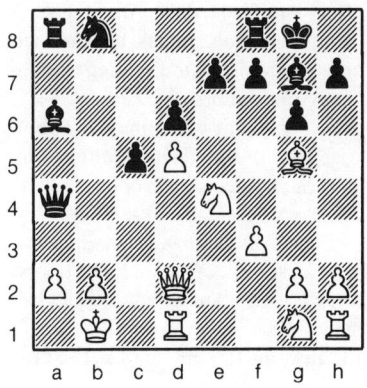

11 Schwarz am Zug

Stefanow – Andrejew
Bulgarien 1957

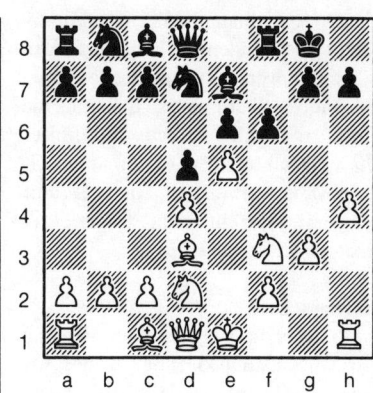

12 Schwarz zog 9. ...c5

Grynspan – Kaminski
Polen 1961

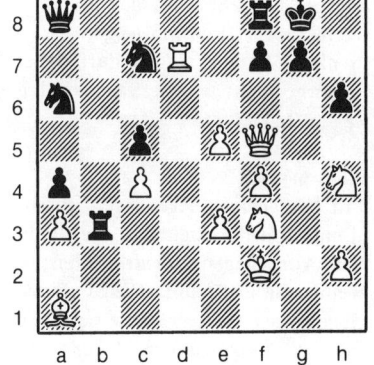

13 Weiß am Zug

Wober – Winiwarter
Staatsliga
Österreich 84/85

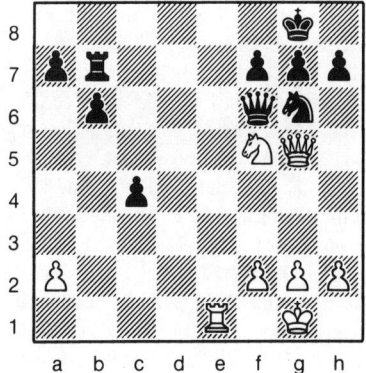

14 Weiß am Zug

Dr. Aljechin – S. Freeman
New York 1924
Blindsimultan-
Vorstellung

Demaskierung

Wenn auf einem Ball um Mitternacht die Masken fallen, wird allen sichtbar, wer sich dahinter verborgen hatte. Wenn beim Schach eine Figur ihr Feld verläßt und hinter ihr eine andere Figur nun mit voller Wirkungskraft in den Kampf eingreift, spricht man folgerichtig auch von Demaskierung.

Abzugsschach

|11| In dem bulgarischen Beispiel tritt die Demaskierung in der für einen Schachkönig gefährlichsten Form auf, nämlich als Abzugsschach. Nach dem Damenopfer (praktisch ein Hineinziehungsopfer in die Wirkungslinie des Ta8) 1....Dxa2†! 2.Kxa2 Ld3† wird der weiße König zur Jagd freigegeben, denn der demaskierende Läufer verhindert die Rückkehr auf das schützende Plätzchen b1. Und so ging die Jagd weiter: 3.Kb3 c4† 4.Kb4 Sa6† 5.Kb5 (falls 5.Ka4, so wieder ein Abzugsschach Sc5† 6.Kb5 Tfb8 7.Kc6 Ta6† 8.Kc7 Tb7† 9.Kc8 Ta8 #) 5....Tfb8† 6.Kc6 (Ka4, Sc5 #!) 6....Tc8† 7.Kb7 (Kb5, Sc7† 8.Kb4 Tcb8 #, oder 7.Kb5 Sc7† 8.Kb6 Ld4† 9.Kb7 Tab8† 10.Kc6 Se6† 11.Kd7 Tc7 #, oder 7.Kb5 Sc7† 8.Kc6 Se6† 9.Kb7 Tcb8† 10.Kc6 Ta6† 11.Kd7 Td8† 12.Kxe7 Ta7 #) 7....Tc7† 8.Kxa8 Ld4, und undeckbar droht Ta7 #. Man sieht, daß der Plan des Ausnützens eines Abzugsschachs eine umfangreiche Vorausberechnung erforderte (Taktik). Andererseits ist der Weg zum Matt nicht schwer, da alle Figuren schon bereitstehen.

Altehrwürdig

|12| Meister Kaminski fühlte sich in seiner Rochadestellung völlig sicher und nahm sich Zeit zu 9....c5? Aber damit war seine Uhr schon abgelaufen: 10.Sg5! (das altehrwürdige Motiv des Läuferopfers auf h7 wird vorbereitet) 10....fxg5 11.Lxh7† Kxh7 12.hxg5† (demaskiert den Th1) 12....Kg8 13.Th8†, und Schwarz gab auf (13....Kxh8 14.Dh5† Kg8 15.g6 oder 13....Kf7 14.Dh5† g6 15.Dh7† und bald Matt-Spritze).

Held ist La1

|13| Weiß brachte den „langen" Läufer auf der schwarzen Diagonale durch ein Doppelopfer zum entscheidenden Eingreifen: 1.Sg6! fxg6 (zieht Tf8, so Dxf7† nebst Dxg7 #) 2.Txg7†! Kxg7 3.e6† (die Demaskierung), und Schwarz gab auf. Übrigens: Sofort 1.e6 war wegen 1....f6 nicht so stark, doch darf dabei Schwarz nicht 1....Sxe6 spielen wegen 2.Dxe6 fxe6 3.Txg7†!

Blind gespielt!

|14| Bei seiner legendären Blind-Simultanspielvorstellung, 1924 in New York gegen 26 starke Meister, zwang Dr. Aljechin (Weiß) seinen Gegner, der weißen Dame den Weg nach d8 freizumachen: 1.Te8† Sf8 2.Sh6† Dxh6 (erzwungene Demaskierung) 3.Txf8† Kxf8 4.Dd8 #! Jeder Turnierspieler könnte stolz sein auf solch eine eindrucksvolle Kombination, die Aljechin „blind" spielte und dazu noch „blindsimultan"!

Simplex sigillum veri

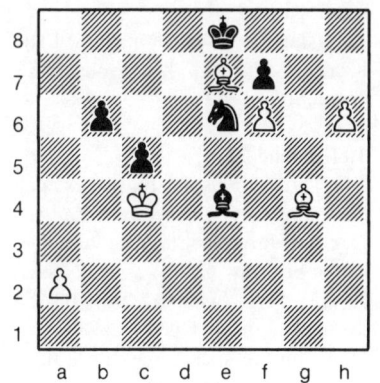

15 Weiß am Zug

Taimanow – Smyslow
UdSSR-Meisterschaft 1967

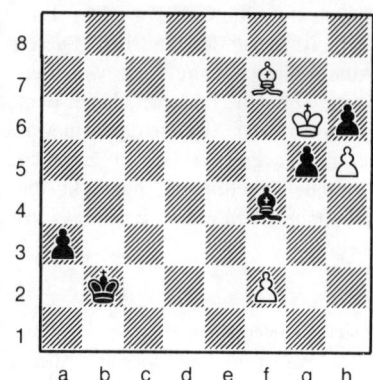

16 Schwarz am Zug

Hindle – Möhring
Olympiade Tel Aviv 1964

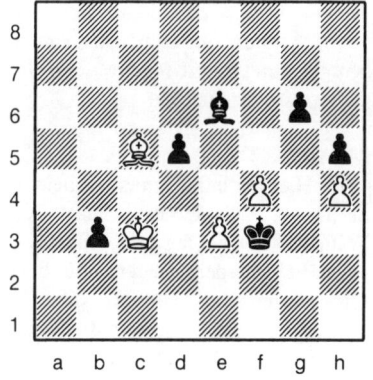

17 Schwarz am Zug

Kotow – Botwinnik
UdSSR-Meisterschaft 1956

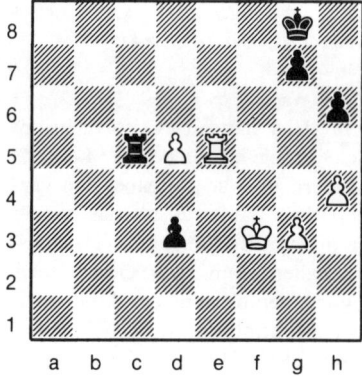

18 Schwarz zog 1. ...Kf7

McNabb – Timman
Olympiade Saloniki 1984

Simplex sigillum veri

Simplex sigillum veri — Das Einfache ist Siegel der Wahrheit! Dieser Ausspruch paßt auf alle vier Beispiele aus dem Endspiel. Nach dem „Denken", der Analyse der vom Material her gesehen schon ziemlich einfachen Stellungen, beglückt die „einfache" Schönheit des Gewinnwegs.

Zwei Überlegungen

15 Was muß Weiß hier erkennen? 1. Daß der schwarze Le4 das Feld h7 im Auge behalten muß, damit der weiße h-Bauer nicht in die Dame läuft. 2. Daß für den Fall, daß Le4 seinen Platz räumt, Weiß mit Lf3# auf c6 drohen kann. Beide Gedanken in einen Plan gebracht, ergibt dann einen „einfachen" (und „wahren") Gewinnweg: 1.Lf3! Schwarz gab auf: 1. ... .Lxf3 2.h7 nebst h8D bzw. 1. ... .Sg5 2.h7! Lxh7 3.Lc6# bzw. 2. ... .Sxh7 3.Lxe4.

Zwei Wege

16 Hier handelt es sich nicht um das Problem „ungleiche Läufer", sondern um die Aufgabe, den gegnerischen Läufer zu überlasten, der ja nicht zwei Freibauern gleichzeitig halten kann. Aus dieser Überlegung heraus kam der DDR-Meister Möhring zu 1. ... .Le3! Idee: Nach 2.fxe3 g4 läuft entweder der a- oder der g-Bauer des Schwarzen in die Dame. In der Partie geschah: 2.Kxh6 g4† 3.fxe3 g3 4.Kh7 g2 5.h6 g1D 6.Kh8 a2 7.Lxa2 Kxa2 8.h7 Dg6 9.e4 Df7 und 10. ... .Df8#. Falls 1. ... .Le3 2.f3, so a2! 3.Lxa2 Kxa2 4.Kxh6 g4† usw. Aber 1. ... a2? (statt Le3) hätte nach 2.Lxa2 Kxa2 3.Kxh6 g4† 4.Kg6 nur remis gemacht!

Tief durchdacht

17 Wie in Beispiel 16 geht es auch hier um eine „Freibauern-Zange". Der tief durchdachte Weg zum Gewinn beginnt mit 1. ... .g5! Nach 2.fxg5 d4†! (wichtig, um b3 zu decken) 3.exd4 Kg3 4.La3 Kxh4. Dann mußte sich der weiße Läufer für den schwarzen h-Bauern opfern, während der schwarze Läufer nicht nur seinen Bauern gedeckt hielt, sondern die beiden weißen Bauern zu Statisten degradierte. Zum Schluß lief der schwarze König zum Damenflügel. Falls 1. ... .g5 2.hxg5, so h4 3.Ld6 Lf5 4.g6 Lxg6 5.f5 Lxf5 6.Kxb3, aber der schwarze d-Bauer gewinnt. Er bleibt als „Gewinnbauer" übrig, nachdem sich der weiße Läufer für den von seinem König unterstützten schwarzen h-Bauern opfern mußte.

Die Brücke

18 Hier fehlt nach dem schematischen 1. ... .Kf7? das „Siegel der Wahrheit". Dabei lag das „Einfache" so nahe für den niederländischen Großmeister Jan Timman. Mit 1. ... .Tc1 konnte er seinem Freibauern eine „Brücke" bauen. Auf den einzigen d2 verhindernden Zug Ke3 geht nach Te1 der weiße Turm verloren. Die Partie wurde nach 1. ... .Kh7? 2.Tf5† Ke7 3.Ke3 Tc3 4.Kd2 Ta3 5.Tf3 Kd6 6.Txd3 Txd3 7.Kxd3 Kxd5 8.Ke3 Ke5 9.h5 remis.

Linienöffnung, Ablenkung

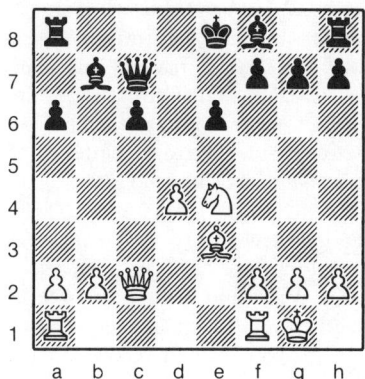

19 Weiß am Zug

Michail Tal – Minew
Olympiade
München 1958

20 Weiß am Zug

Dr. Gragger – Dorn
Wien 1958

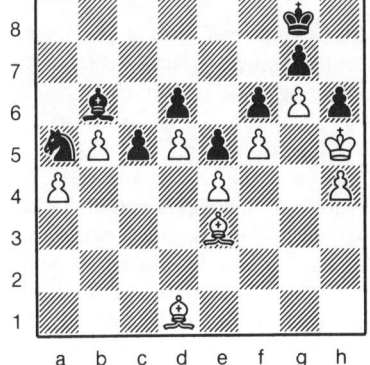

21 Weiß am Zug

Portisch – Larsen
Moskau 1959

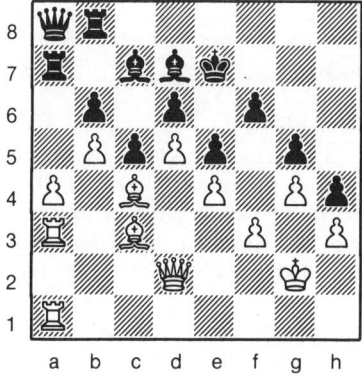

22 Weiß am Zug

Flohr – Petrosjan
Moskau 1951

Linienöffnung, Ablenkung

Aus der Fülle taktischer Wendungen, die bei der Durchführung eines Plans eingesetzt werden können, greife ich drei häufig auftretende heraus: Linienöffnung, Ablenkung und Durchbruch.

Das Feinste

19 Der unvergessene Paul Keres hat einmal formuliert: „Das Feinste sind doch die Bauernopfer!" Gewiß, ein Damenopfer ist spektakulärer, aber oft auch brutal, wenn die Folge der Annahme das Matt ist. In unserem Beispiel öffnete M. Tal (Weltmeister 1960 — 61) mit dem Bauernopfer 1.d5 die e-Linie und die Schräge g1-a7. Lehnt Schwarz ab, so entsteht nach dxe6 auf dem Punkt e6 eine große Schwäche, bzw. nach 1. . . .e5 droht durch 2.f4 erneut die Öffnung der e-Linie. Und so ging es weiter: 1. . . .exd5 2.Tfe1! Kd8 (dxe4 3.Dxe4† Le7 4.Lc5) 3.Db3 (droht Lb6) 3. . . .c5 4.Sxc5, und Schwarz gab auf (Lxc5 5.Lxc5 Dxc5 6.Dxb7).

Schlußpunkt

20 Weiß steht klar besser. Sein gutes positionelles Spiel erlaubt ihm, mit einer häufigen taktischen Wendung — Ablenkung! — sofort „den Tag zu entscheiden": 1.Se7† Txe7 (erzwungen, denn das weiße „Familienschach" bedroht König und Dame) 2.Dxf6. Was will man von einem Zug mehr verlangen? Er droht a) Dxg7#, b) auf 2. . . .Dxf6# durch Td8, möglich, weil das Springeropfer die d-Linie geöffnet und gleichzeitig den Te8 abgelenkt hatte, c) wird nach 2. . . .Sg6 3.Dxe7 summa summarum einen Turm gewonnen, weil 3. . . .Sxe7 nach 4.Td8 De8 5.Txe8 zum Matt führt. Leider war nicht mehr festzustellen, was Schwarz zuletzt gezogen hatte. Wohl eine längere Fehlplanung?!

Festung erobert

21 Schwarz hatte sich eingeigelt, aber Weiß fand doch einen Weg in die Festung! Er opferte auf h6 einen seiner Läufer und erzwang den Durchbruch: 1.Lxh6 gxh6 2.Kxh6 c4 (Sc4 3.g7 Sd2 4.Kg6!, aber nicht 4.Lc2? Sf3 remis) 3.g7 Sb3 4.Kg6 Sd2 5.Lc2 Sf3 (5. . . .Ld8 6.h5 Sf3 7.h6 Sh4† 8.Kh5 Sf3 9.Ld1 Sg5 10. Kg6 Sh7 11.a5 Lxa5 12.b6 Lxb6 13.La4, und Weiß gewinnt) 6.Kxf6 Ld8† 7.Ke6 Kxg7 8.Kd7 La5 9.h5 c3 10.Ke7 Sg5 11.f6† Kh6 12.f7 Sxf7 13.Kxf7 Kxh5 14.Ke7 Kg4 15.Kxd6 Kf4 16.Kc6 Ke3 17.b6 Kd2 18.Lb3, und Larsen gab auf. Man sieht, daß mit dem Hineinschlagen auf h6 die Arbeit noch lange nicht getan war.

Noch eine Festung

22 Beinahe eine Halma-Stellung. Nach 1.Db2 einigten sich die Großmeister auf remis. Dabei hätte Weiß einen Überfall inszenieren können: 1.Lxe5! mit den beiden Abspielen a) 1. . . .dxe5 2.d6†! Lxd6 3.Td1, und Weiß dringt in die Festung ein, b) 1. . . .fxg5 2.Dxg5† nebst Dxh4, also drei Bauern, wobei Schwarz Mühe hätte, seine Truppen neu zu formieren. Hätten Sie diesen Durchbruch (Lxe5) gewagt?

Jagdgeschichten

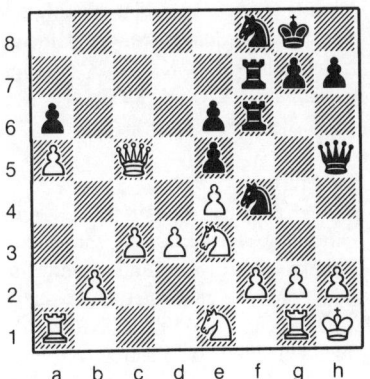

23 Schwarz am Zug

Herrmann – Hussong
Frankfurt 1930

24 Schwarz am Zug

Suni – Alivirta
Helsinki 1957

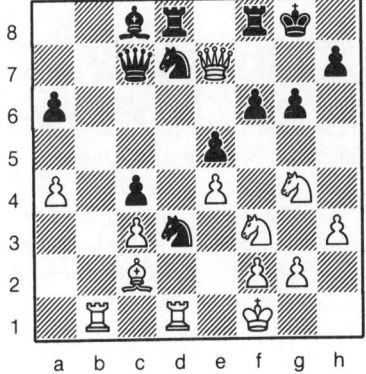

25 Weiß am Zug

Keres – Gligoric
Zürich 1959

26 Weiß am Zug

Perez – Najdorf
Torremolinos 1961

Jagdgeschichten

Jeder Schachfreund, ob aktiv auf Turnieren zu finden oder Hobby-Spieler, freut sich, wenn ihm eine „Jagdgeschichte" erzählt wird, in der irgendein unglücklicher Schachkönig über das ganze Brett flieht und schließlich — meist mit Opfergetöse! — mattgesetzt wird. Leider gelingt es uns selbst nur selten, solche Geschichten auf das Brett zu zaubern, weil es viel zu wenige Gegner gibt, die sich nacherzählungswürdig dafür zur Verfügung stellen.

Treibjagd

$\boxed{23}$ Westfalenmeister Hans Herrmann hatte Bauern gesammelt, während der Pfälzer Hussong mehr Wert auf den Aufbau einer großen Angriffskapazität gelegt hatte. Der Plan ist klar: Man treibt den feindlichen König ins Freie und gibt ihm so lange Schach bis er Matt ist. Die Treibjagd war erfolgreich: 1. . . . Dxh2† 2.Kxh2 Th6† 3.Kg3 Se2† 4.Kg4 Tf4† 5.Kg5 Th2 (die Jäger müssen eine kleine Pause einlegen, die die weiße Dame zur allerdings nutzlosen Demonstration ihres Treueeides nutzt) 6.Dxf8† Kxf8 7. Sf3 h6† 8.Kg6 Kg8 9.Sxh2 Tf5! (droht Tg5# und räumt das Feld f4) 10.exf5 Sf4#.
Laßt die Jagdhörner ertönen!

Toller 3. Zug!

$\boxed{24}$ 1. . . . Dh7 2.Tf3! bringt nichts ein. Aber es gibt eine ganz seltene Kombination, bei der Dame und Turm geopfert werden, um ein Abzugsschach zu ermöglichen, das teuflischerweise als Doppelschach ins Leben tritt: 1. . . . Th1† 2.Kxh1 Dh7† 3.Kg1 Dh2† (Marke Hineinziehungsopfer)!! 4.Kxh2 Sf3†† (Doppelschach) 5.Kh1 (Kh3) Th8 #!
Laßt die Jagdhörner ertönen!

Im Mattnetz

$\boxed{25}$ Keres begann mit 1.Txd3 (ein Qualitätsopfer, das den schwarzen Bauern c4 ablenkt und damit die Diagonale a2-g8 öffnet) 1. . . .cxd3 2.Lb3† Kh8 3.Sf6! Txf6 (Sxf6 würde um den Preis des Damenverlustes das Matt auf h7 verhindern) 4.Sg5 (wieder droht Matt auf h7) Txf2† (das erste Racheschach) 5.Kg1 Tf1† (das zweite Racheschach) 6.Kh2, und Gligoric verzichtete auf das dritte Racheschach (Th1†) und gab auf.

Schnittpunkt

$\boxed{26}$ Königsjagd am Strand des Mittelmeeres! Wie soll es weitergehen? Schwarz droht mächtig! Der Spanier Perez fand einen Problemzug: 1.Sc3†! Der Schnittpunkt wird besetzt, das bedeutet, daß Schwarz nicht mehr beide Damenschachs (auf Db7† deckt Tc6 alles, Dg2† ist nicht möglich) decken kann. 1. . . . Txc3 (oder bxc3 2.Db7† Ke5 3.De7† Kd5 4.Txd6 #) 2.Dg2† Ke5 3.Ld4†! (Merke: Der Jäger darf das Gesetz des Handelns — hier Schachbieten! — nie aus der Hand geben) 3. . . . Kxd4 4.Dd2† Td3 (Ke4 5.Tf4† usw.) 5.Dxb4† Ke5 6.Df4† Kd5 7.Dxd6† Ke4 8.Df4† Kd5 9.Dc4† Ke5 10. De6† Kd4 11.Tf4† Kc3 12.De1† Kb2 (Td2 13.Tc4†) 13.Tf2† Ka3 14.De7† und bald Matt. Strecke: ein Großmeister!

Falsch und richtig

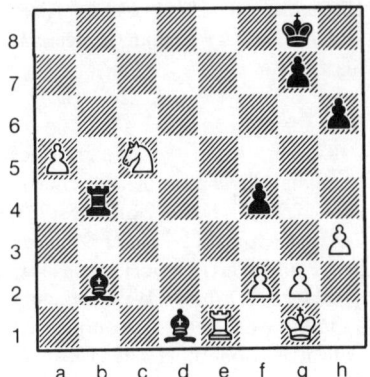

27 Weiß am Zug

Karpow – Kasparow
41. WM-Partie
Moskau 84/85

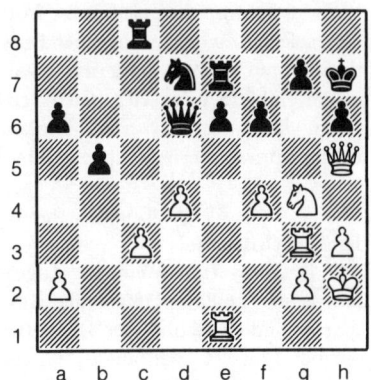

28 Weiß am Zug

Tolusch – Bannik
Riga 1958

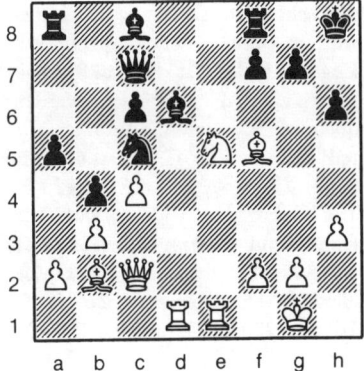

29 Weiß am Zug

Gheorghiu – Kinmark
Den Haag 1961

30 Weiß am Zug

Sämisch – Herzog
Städtekampf
Gablonz 1924

Falsch und richtig

Was ist richtig? Was ist falsch? Vor dieser Frage steht man in jeder Partie nicht nur einmal, sondern fast vor jedem Zug! In allen vier Beispielen liegen bei „falsch" keine simplen Fehler vor, sondern Fehlbeurteilungen.

Titel in Griffweite!

27 Karpow (mit Weiß am Zuge) führte im Titelkampf 5:1 gegen Kasparow und stand in dieser 41. Partie vor der Frage: Gleich auf d1 schlagen oder zuerst a5-a6 ziehen? Er entschied sich für das „solide" 33.Txd1, was von den Kritikern als „Anfängerfehler" bezeichnet wurde, denn der Gewinnweg schien für einen Supermeister klar: 33.a6! La4 34.a7 Lc6 35.Te6 Ld5 36.Td6! (das scheint der Weltmeister nicht ausreichend gewürdigt zu haben. Der Ld5 hat keinen Zug) 36....Lf6 37.Txd5 Tb1† 38.Kh2 Ta1 39.Td7 Kh7 40.Se6 mit leichtem Gewinn. Nach 33.Txd1 ging die 41. Partie nach weiteren 38 Zügen mit einem Remis aus.

Sieg in Griffweite

28 Es ist erstaunlich, daß ein so gefürchteter Angriffsspieler wie Tolusch sich in dieser Stellung nach 28.Tf1 und einigen weiteren Zügen mit einem Remis zufriedengab. Der „richtige" Weg lag genau vor seinen Füßen: 28.Sxh6! gxh6 29.Txe6!! (um die schwarze Dame von f4 abzulenken, ist nichts zu teuer. Auf sofort 29.Tg6 wäre das peinliche Schachgebot Dxf4† gekommen. Auf 29.Dg6† Kh8 30.Dxh6† Th7 ist der weiße Angriff abgeschlagen) 29....Dxe6 (Txe6 30.Df7†) 30.Tg6 und undeckbar matt.

Pointe verdorben

29 Sehr schön kombinierte der ehemalige Jugendweltmeister Gheorghiu: 1.Txd6! Dxd6 2.Sf7† Txf7 3.Te8† Df8 (schade, daß der Schwede die Pointe des Doppelopfers verdarb: Auf Tf8 hatte Weiß sehr fein 4.Dd2!! vorbereitet, worauf die schwarze Dame überlastet ist, denn sie muß Tf8 und Bh6 decken — und natürlich auch sich selbst!) 4....Txf8 (das gewinnt natürlich auch) 5.Dd2 Kg8 6.Dd4 Tf7 7.Lxc8 Txc8 8.Dxc5 Tcf8 9.Dd4, und Schwarz gab auf.

Jahrhundert-Zug!

30 Der „richtige" Weg, den Sämisch hier fand, beginnt mit einem der schönsten Züge, die je gespielt wurden, mit einem Jahrhundert-Zug: 21.Sd7! Der kühne Springer kann viermal geschlagen werden, doch immer kommt Weiß in Vorteil! a) 21....Dxd7 22.Dxh6†! gxh6 (Kg8 23.Lxf6) 23.Lxf6† Lg7 24.Txg7! usw. b) 21....Texd7 22.Dxh6† und weiter wie bei a. c) 21....Sxd7 22.Dxh6† Kg8 23.Dh7 #. Herzog versuchte nach d) 21....Tdxd7 22.Dxh6† gxh6 23.Lxf6† Lg7 24.Txg7 noch Te4 25.Tg4† Kh7 26.f3 h5 27.Tg7† Kh6 28.fxe4 dxc4 29.Lb1 b5 30.e5 Td3 31.e6! Db6† 32.Kh1 fxe6 33.Lxd3 cxd3 34.Td7 c5 35.Ld8 Lxg2† 36.Kg1, und Schwarz gab auf.

Spatz oder Taube?

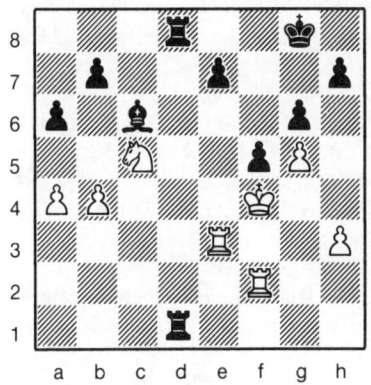

31 Schwarz am Zug

O'Kelly – Rodriguez
Südafrika 1962

32 Schwarz am Zug

Oliff – Keogh
Dublin 1964

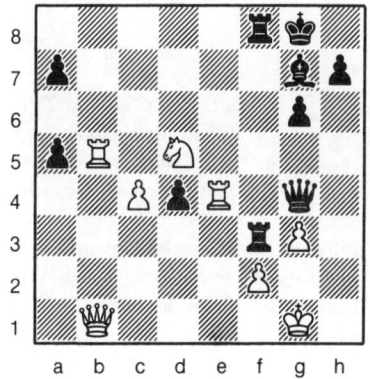

33 Schwarz am Zug

Aloni – Botwinnik
Olympiade Tel Aviv 1964

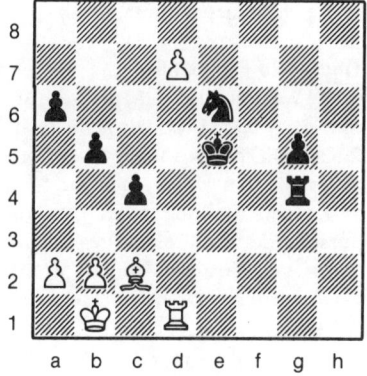

34 Weiß am Zug

Trojanescu – Soos
Rumänische
Meisterschaft 1957

Spatz oder Taube?

Sicher haben Sie schon selbst erlebt, wie nach überstandener Verlustgefahr dann in dem Bewußtsein, das Unentschieden sicher zu haben, der Kampfeswille nachließ. Man ist froh, den Spatz in der Hand zu haben, und forscht gar nicht weiter, ob vielleicht auch die Taube auf dem Dach erreichbar ist.

Da freute sich Weiß!

31 Der kubanische Meister begann richtig mit 1....Td8d4† 2.Kg3 Tg1† 3.Kh2 Th1† 4.Kg3 — und bot Remis an, worüber der belgische Großmeister O'Kelly (der viele Jahre in der deutschen Schachbundesliga für Solingen spielte) sehr erfreut war! Natürlich haben Sie sofort gesehen, daß mit 4....f4† 5.Txf4 (erzwungen) 5....Tg1 6.Kf2 Tg2† nebst Txf4 Schwarz einen ganzen Turm und damit leicht die Partie gewinnen konnte.

Doppelbad der Gefühle

32 Weiß ärgerte sich, als Schwarz mit 1....Dg3† („Ewiges Schach" 2.Kh1 Dh3† usw.) noch einen Rettungsanker in einer scheinbar total verlorenen Stellung warf. Das gut aussehende 1....e3 wäre mit 2.Dxf4, und Grundlinienmatt droht, als ungenügend entlarvt worden. Schwarz war glücklich, eine „Remisschaukel" gefunden zu haben. Aber dann änderten sich die Gefühle. Als in der Analyse deutlich wurde, daß Schwarz sogar gewinnen konnte, freute sich plötzlich Weiß und Schwarz ärgerte sich! Wer kennt nicht dieses Wechselbad der Gefühle? Und so konnte Schwarz sogar gewinnen: 1....Dg3† 2.Kh1 (fxg3 Txf1† 3.Kg2 Tf8f2† 4.Kh3 Th1 ⧣) 2....e3!, und nun a) 31....Le2 Dh3† 4.Kg1 exf2† 5.Txf2 Txf2 oder b) 3.f3 Dh3† 4.Kg1 Txg4† 5.fxg4 Txf1 oder c) 3.Ta7 Dh3† 4.Kg1 exf2† 5.Txf2 Dg3† 6.Kh1 Dh4†

Taube gefangen...

33 Eine ähnliche Stellung wie im vorigen Beispiel. Botwinnik opferte mit 1....Txg3 einen Turm und jagte nach 2.fxg3 Dxg3† erfolgreich die weiße Taube. Bitte: 3.Kh1 d3! (Tf2? 4.Tb8† Lf8 5.Txf8† Kxf8 6.Tf4† Txf4 7.Db8† nebst Dxf4) 4.Se7† (Te1 Dh3† und Ld4†) 4....Kh8 5.De1 Dh3† 6.Kg1 d2! 7.Sxg6† hxg6 8.Dh4† Kg8! (nicht Dxh4 wegen 9.Txh4†!), und Weiß gab auf (falls 9.Dxh3, so d1D mit siegreichem Angriff, bzw. 9.Tb1 Db3! 10.Txb3 d1D†).

Kunstvoll

34 Mit 1.d8D Sxd8 2.Txd8 Tg1† 3.Ld1 hatte Weiß den „Spatz" — das Remis — sicher, ja vielleicht sogar noch „klitzekleine" Gewinnchancen. Aber ihn reizte die „Taube auf dem Dach" — der Gewinn! Und so erfand er einen kunstvollen Weg, zum Abschuß zu kommen: 1.Te1† Kf4 2.Ld1! (Txe6? Tg1† 3.Ld1 Txd1† 4.Kc2 Txd7) 2....Tg3 3.Txe6 Td3 4.Te4†!, und Schwarz gab auf (4....Kxe4 5.Lc2!, und der d-Bauer „promoviert", weil der schwarze Turm gefesselt ist. Falls aber 4....Kf5, so 5.Lc2 Txd7 6.Te7† mit Turmgewinn. Falls 4....Kg3, 5.Te3†).

Die Kunst des Abwickelns

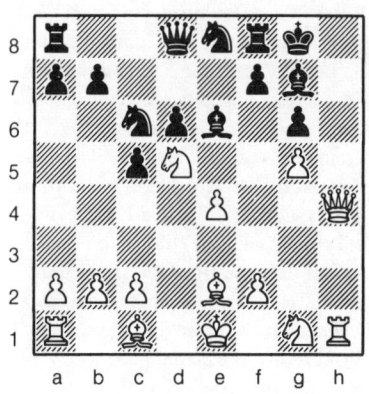

35 Schwarz am Zug

Che – Donner
Olympiade
Buenos Aires 1978

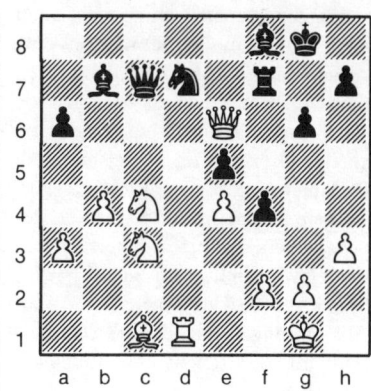

36 Weiß am Zug

Matanovic – Sokolov
Jugoslawien 1959

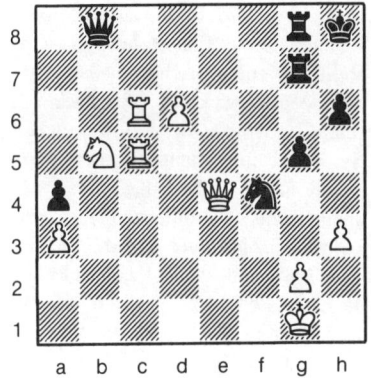

37 Weiß am Zug

Hajtun – Ciric
Budapest —
Belgrad 1957

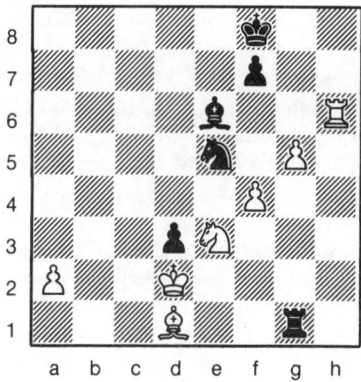

38 Schwarz am Zug

Taimanow – Geller
Kislowodsk 1966

Die Kunst des Abwickelns 28

Strenggenommen ist jede auch noch so kleine Kombination eine Abwicklung. Aber im allgemeinen Sprachgebrauch wird das griffige Wort „Abwicklung" auf Zugfolgen an der Grenze vom Mittelspiel zum Endspiel angewandt. Richtiges Abwickeln ist eine große Kunst, an der Schwächere so oft scheitern, wenn sie Gewinnstellungen nicht gewinnen können. Der Spieler, der über Abwicklungen nachdenkt, muß perfekt im Beurteilen von Endspieltypen sein!

Angriff schlug durch

35 Das war eine Sensation 1978: ein Chinese schlägt einen berühmten Großmeister! Hein Donner hatte die Partie etwas nachlässig behandelt und sich auf diese Stellung eingelassen, weil er mit 1. . . .f5 den weißen Angriff für beendet hielt. Aber dank einer Pointe (Damenopfer) wickelte Che die Partie zum Gewinn ab: (1. . . .f5) 2.Dh7† Kf7 3.Dxg6†! Kxg6 4.Lh5† Kh7 5.Lf7† Lh6 6.g6† Kg7 7.Lxh6† Kh8 8. Lxf8† Dh4 9.Txh4 ≠!

Mühelos . . .

36 Sicher steht hier Weiß klar besser, nicht nur wegen des Mehrbauern. Aber der schnellste Weg zum Gewinn führt nicht über langwierige weitere Stellungsverbesserungen, sondern über eine mühelose Abwicklung: 1.Dxf7† Kxf7 2. Txd7† Dxd7 3.Sxe5† Ke6 4.Sxd7 Kxd7 5.Lxf4, und Weiß grüßt hochachtungsvoll im Mehrbesitz von drei Bauern!

Läuft wie geschmiert ab

37 Hier ist die Gewinnführung nicht schwer. Aber es ist doch lehrreich, wie das Übergewicht schnell zum Gewinn verdichtet wird: 1.d7 (kein Ausrufezeichen, weil selbstverständlich) 1. . . .Sg6 (es drohte Txh6) 2.Txg6 Txg6 3.Dxg6! Txg6 4.Tc8† Tg8 5.Txb8 Txb8 6.Sd6 (droht Sf7 nebst d8D oder umgekehrt) 6. . . .Kg7 7.Sb7! (nicht Sc8? wegen Tb1† nebst Td1), und nach 8.d8D Txd8 9.Sxd8 gewinnt Weiß mit der Mehrfigur leicht.

Sehr schwer!

38 Schwarz, in höchster Gefahr, fand eine phantastische Abwicklung zum Remis! 1. . . .Lxa2! 2. fxe5 Txg5 3.Th5 Txh5 4.Lxh5 Ke7 (droht f6) 5.Sg4 Ke6 6.Kxd3 f5!! 7.exf6 en passant Kf5!! 8.Kd4 Kg5 (Weiß hat Bauer und Figur mehr, muß aber die Figur zurückgeben, wonach ein Läuferendspiel entsteht, das theoretisch remis ist. Aber um so abzuwickeln, muß man viel über Endspiele wissen! Versuchen Sie doch, mit einem Partner, nach 9.Le8 Kxg4 10.Ke5 Kg5 das Endspiel remis zu halten. (Hier eine mögliche Zugfolge: 11.Ld7 Lf7 12. Lf5 Lh5 13.Ke6 Kf4! 14.Lc2 Le8 15.Lh7 Lh5 16.Lg8 Lg6 17.Lf7 Ld3 18.Ke7 Ke5! 19.Lb3 Lg6 20. Lc2 Lh5 21.La4 Lg6 22.Ld1 Le8 und remis.) Geller, der großartige Angriffsspieler, zeigte auch als Verteidiger Phantasie. Der 6. schwarze Zug (f5) würde jeder Studie (künstliches Endspiel) zur Zierde gereichen!

Nachtisch für jeden Geschmack

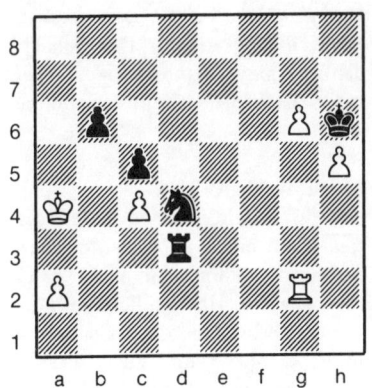

39

Schwarz am Zug

Tschigorin – Blackburne
London 1899

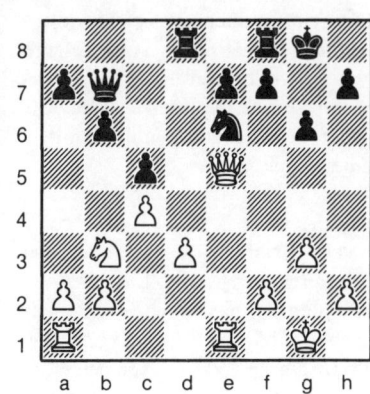

40

Weiß zieht 1.Tad1

Suttles – Uhlmann
Polen 1967

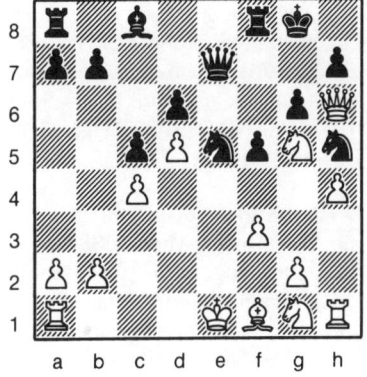

41

Weiß am Zug

Karolyi – M. Röder
Lugano 1986

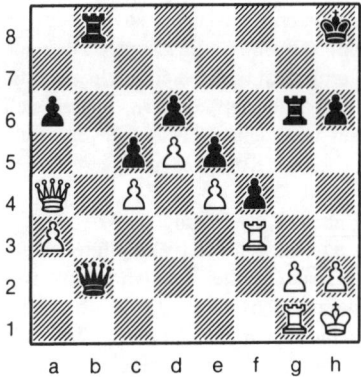

42

Weiß am Zug

Polugajewski – Eising
Solingen 1974

Nachtisch für jeden Geschmack

Die vier letzten Beispiele des 1. Kapitels sind etwas ausgefallener Natur. Die beiden letzten tendieren schon zum 2. Kapitel hin, das Sie, lieber Schachfreund, mit „Pointen" unterhalten will.

Gleichgewicht

39 Schwarz hätte die beiden weißen Freibauern mit 1. . . .Se6 bekämpfen können, doch fürchtete er, nach 2.Kb5 Td6 3.g7 Sxg7 4.Tg6 Txg6† 5.hxg6 Kxg6 6.Kxb6 den plötzlich als Riesen auftauchenden weißen Freibauern in der a-Linie. Ein glänzender Einfall rettete den Engländer. Eine Mattdrohung zwingt Weiß zum „ewigen Schach"! Bitte: 1. . . .Tc3! 2.g7 Txc4† 3.Ka3 Tb4!, und droht Matt durch Sb5. Nun war es Weiß, der sich ins Remis retten mußte: 4.Tg6† Kxh5 5.Tg5† Kh4 und weiter Schachgebote des Turms auf der g-Linie. Schlägt Schwarz den Turm, so geht g7-g8 mit Schach „in die Dame". Die neue Dame kümmert sich nicht um die Mattdrohung, sondern opfert sich auf irgendeinem Feld „mit Schach", denn ihr König ist patt.

Laß ihm die Freude!

40 Mit 1.Tad1 kündigte Weiß an, sich schnellstens mit 2.d4 von seiner Schwäche d3 zu befreien. Schwarz dachte: Laß ihm die Freude! und antwortete 1. . . .Td6. Prompt (und ahnungslos!) folgte 2.d4? cxd4 3.Sxd4 Sxd4 4.Txd4 Te6, und Weiß gab auf, denn er verliert einen Turm. Psychologie ist eine gewaltige Waffe im Schachkampf! Der Arzt Carl Ludwig Schleich sah das so: „Der Schachdenker mag Mathematiker sein, der Schachspieler muß Psychologe sein!"

Überheblichkeit

41 Wenn ein internationaler Meister gegen einen unbekannten Gegner antritt, kann man nicht selten eine gewisse Überheblichkeit konstatieren. Man muß die ganze (kurze) Partie kennen, um zu ermessen, wie groß die Überheblichkeit gewesen war, die den ungarischen IM in die Diagrammstellung gebracht hatte. Weiß: Karolyi, Schwarz: M. Röder — Königsindisch — 1.d4 Sf6 2.c4 g6 3.Sc3 Lg7 4.e4 d6 5.f3 0-0 6.Le3 Sbd7 7.Dd2 c5 8.d5 Se5 9.Lh6 Lxh6 10.Dxh6 e6 11.h4 exd5 12.exd5 Sh5 13.Se4 f5 14.Sg5 De7. Von Plan konnte da bei Weiß keine Rede sein. Nach 15.Kf2 (es gab schon keinen guten Zug mehr, aber das war der schlechteste!) wurde Weiß aus allen Angriffsträumen gerissen: 15. . . .Sg4† 16.fxg4 fxg4† 17.Sg1f3 (Sg5g3 g3#) 17. . . .g3† 18.Kg1 De3#!

Der letzte Plan

42 Der mehrfache UdSSR-Landesmeister zog 1.Dd7?? (notwendig Dd1), erkannte sofort seinen Fehler und bot, auf den Großmeister-Bonus hoffend, kaltblütig remis an! Der letzte Plan mißglückte. Schwarz antwortete: 1. . . .Dxg2† 2.Txg2 Tb1† 3.Tg1 Txg1#!

2. Kapitel

Pointen

Das französische Wort „point" heißt auf deutsch „Punkt". Aber „point" ist bei uns nicht einfach lediglich der „Punkt", sondern der Punkt, auf den es ankommt. Pointe, das bezeichnet nicht nur im Schach den entscheidenden Punkt, sondern ebenso bei Witzen. Und wie bei Witzen gibt es auch im Schach gute und schlechte Pointen. Wobei man natürlich argumentieren kann, daß eine schlechte Pointe gar keine Pointe mehr ist. Auch im Schach nicht. „Wir unterscheiden im Schach Strategie und Taktik", so lautet der erste Satz der berühmten Definition von Dr. Max Euwe (Weltmeister 1935 — 37 und populärer Autor). „Die Strategie umfaßt die Zielsetzung und das Bilden von Plänen. Die Taktik umfaßt die Ausführung der Pläne. Die Strategie ist abstrakt, die Taktik konkret. Mit einfachen Worten: Bei der Strategie kommt es auf das Denken an, bei der Taktik auf das Sehen." In dieser Standortbestimmung scheint die Pointe keinen Platz zu haben. Das täuscht. Sie ist eine legitime Tochter der Taktik, der Höhepunkt, die Krönung einer Kombination! Man sieht sie oder sieht sie nicht. Meist sieht sie der Verlierer nicht, sonst hätte

Praxis

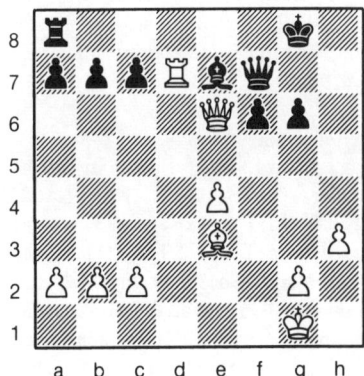

43   Weiß am Zug

Engert – Kieninger
Bad Oeynhausen 1940

Poesie

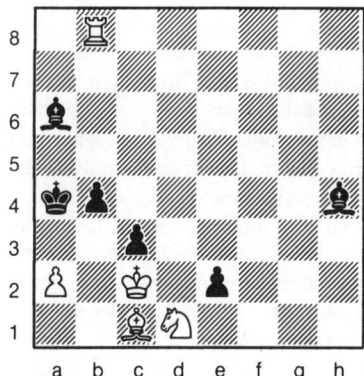

44   Weiß erzwingt remis

Studie von
G. M. Kasparow
1. Preis
„New Statesman" 1964

er seinem Gegner ja nicht gestattet, die Pointe vorzubereiten. Auch die Pointe fällt nicht als Meister vom Himmel. Man muß sie „sehen", wie Dr. Euwe formuliert. In diesem Kapitel, das den Pointen gewidmet ist, kommen Beispiele vor, die genausogut in das 1. Kapitel „Pläne" oder in das nächste Kapitel „Pleiten" passen würden. Eine Pointe ist gewissermaßen „die Spitze eines Eisbergs", nämlich eines kürzeren oder längeren Planes, der ihrem Auftritt voran geht. Eine Pointe wird vom Verlierer her gesehen, der ihr zum Opfer fällt, fast immer zur Pleite.

Aber das ist noch längst nicht die ganze Wahrheit über die Pointe. Sie hat nämlich oft noch einen zweiten Vater neben dem, der sie auf dem Brett, an den Mann oder an die Frau bringt. Viele Pointen werden nämlich von dem Spieler, der ihnen zum Opfer fällt, selbst produziert. Natürlich nicht absichtlich. Aber auch in diesem Fall muß der Gegner ein glücklicher Finder sein, muß er die Pointe erkennen, „sehen"!

Es gibt außerdem viele Pointen, die zu spät „geboren" werden, nämlich erst nach dem Ende der Partie. Dann ist eine ganze Schar „Entdecker" unterwegs, die den Verlierer mit dem triumphierenden, aber nutzlosen Hinweis „trösten": Sie hätten ja gewinnen können! Mit einer herrlichen Pointe! Die Schachzeitschriften sind dankbar für solche Entdeckungen. Und der Autor auch . . .

Gefangen!

Zwei Beispiele von „gefangenen" Figuren. In der Praxis gelingt das, wie in Beispiel 43, nur selten, und dabei muß dann noch die Hilfe des unaufmerksamen Gegners in Anspruch genommen werden. In der Poesie — ich darf dieses schöne Wort einmal für die Schachkunst stellvertretend setzen, auch wenn mir die Vertreter der Logischen Schachschule deswegen gram sein sollten — in der Poesie ist das Einfangen und Im-Gefängnis-Halten einer Figur eine prächtige Sache.

Armer Turm

| 43 | Mit 1.Dxe7 konnte Engert seinem großen Freund, dem dreifachen Deutschlandmeister Georg Kieninger, mühelos den Punkt abnehmen. Aber nach 1.Txe7? Dxe6 2.Txe6 Kf7 ging der weiße Turm ersatzlos verloren und damit auch die Partie.

Arme Dame

| 44 | Zum Remis führt ein kunstvoller Pfad: 1.Sb2† Ka5 (cxb2? 2.Ld2 e1D 3.Txb4† ka3 4.Lxe1 und dann Txb2) 2.Te8 e1D 3.Txe1 Lxe1 4.a3! (Sd1? Lc4, und Schwarz gewinnt) 4. . . .bxa3 5.Sd1 a2 (Ld3† 6.Kb3!) 6.Sxc3! a1D (nach Lxc3 7.Lb2 Lxb2 8.Kxb2 Lc4 9.Ka1 hat Schwarz den „falschen" Bauern) 7.Lb2! Prachtvolle Schlußstellung! Die neu erstandene schwarze Dame ist im Quadrat a5-a1-e1 gefangen! (Auf 7. . . . Ld3† 8.Kb3 Lc4† 9. Kc2 bleibt der weiße König immer in Tuchfühlung mit seinem Läufer.)

Schema-F-Züge

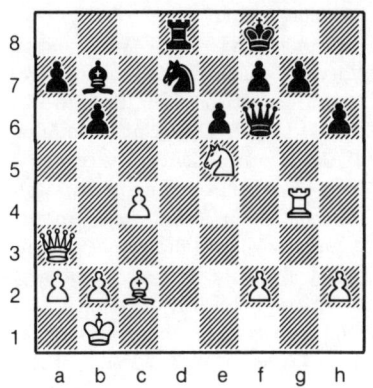

45

Schwarz am Zug

Matulovic – Ivkov
Interzonenturnier
Sousse 1967

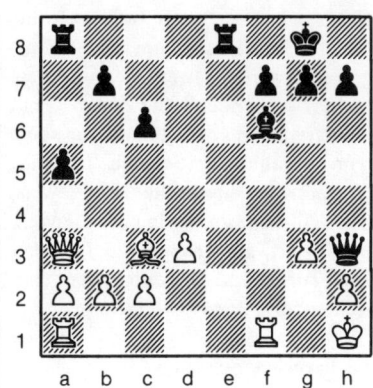

46

Weiß am Zug

Snosko-Borowsky – Duras
St. Petersburg 1909

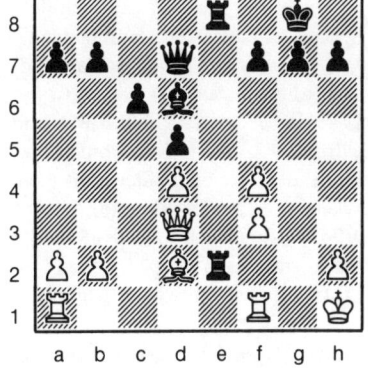

47

Weiß am Zug

Pritchard – Cafferty
Plymouth 1957

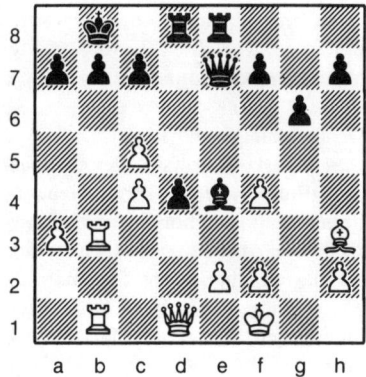

48

Schwarz am Zug

Klaus Junge – Wolf
DMM Stuttgart 1938

Schema-F-Züge

Es ist seltsam, daß sogar große Meister von keiner inneren Stimme gewarnt werden, wenn sie auf einen nichts drohenden Zug ihres Gegners treuherzig und blauäugig nach dem berühmten „Schema F" antworten. „Schematische" Züge werden jährlich zu vielen Tausenden produziert, auf großen wie auf kleinen Turnieren. Die folgenden vier stehen für die ganze Gattung.

Lächerliches Schach ...

45 ... mag der jugoslawische Großmeister Ivkov gedacht haben und antwortete à tempo 1. ... De7?. Nach 2.Txg7! Dxa3 3.Txf7† Ke8 4.bxa3 Lc8?? (verärgert über seinen Zug De7, versäumt Schwarz, mit 4. ... Sxe5 5.Txb7 Td2! seine immer noch vorhandenen Chancen wahrzunehmen) 5.La4! a6 6.Lc6, und Schwarz gab auf. Der Zug 1. ... De7 wird noch unverständlicher, wenn man bedenkt, daß Schwarz mit 1. ... Kg8 die bessere Stellung hätte behalten können.

Deine Linie, meine Linie

46 Snosko-Borowsky, dessen Buch „Eröffnungsfallen" mehrere Generationen lang sehr populär war, hatte nicht die Absicht, dem Gegner die e-Linie zu überlassen. Schematisch zog er 1.Tae1?, um nach 1. ... Te2! aufzugeben. (Es droht Matt auf g2 oder h2. Falls 2.Txe2, so 2. ... Dxf1#.) Interessant, daß Weiß sich so um die e-Linie bemühte, wo er doch mit 1.Tf2 auf der für ihn wertvolleren f-Linie operieren konnte, unter Verbannung aller Mattgespenster.

48 Jahre später

47 Niemand wird Weiß einen Vorwurf machen, daß er die Petersburger Partie von Snosko-Borowsky gegen Duras nicht kannte. 48 Jahre waren seitdem vergangen! Und so zog in der Englischen Meisterschaft (immerhin keine unbedeutende Veranstaltung) 1957 Pritchard fröhlich und unbekümmert schematisch 1.Tae1, um nach 1. ... Dh3 aufzugeben. Selbst das Opfer der Dame (Dxe2, Txe2, Txe2, Dxf1#) hilft nichts mehr! Matt ist angesagt, wie einst in St. Petersburg (dem heutigen Leningrad).

Berühmtes Schema

48 Die große deutsche Schachhoffnung Klaus Junge, mit 21 Jahren im letzten Kriegsjahr gefallen, hatte soeben Ta1-b1 gezogen — was gar nichts drohte, denn b7 ist vom Läufer gedeckt. Nun handeln viele Spieler (nicht nur die Patzer!) nach dem Schema „Erst fressen, dann denken!" Der schwarze Wolf verschlang sofort (diesem Schema folgend) mit 1. ... Lxb1 einen weißen Turm und gab nach 2.Txb7†! Kxb7 (auch hier folgte dem ersten Fehler sofort ein zweiter) 3.Dxb1† auf. (3. ... Ka8 4.Lg2† usw.) Nach 2. ... Ka8 müßte Weiß sich nach 3.Txa7† Kxa7 4.Da4† mit ewigem Schach begnügen.

*

Wahre Geschichte zu Schema F. Weiß: Dr. Tarrasch, Schwarz: Alapin. 1.e4 e5 2.Sf3 Sf6 3.Sxe5 d6 4.Sf3 Sxe4 5.d3! d5?? (à tempo, alle Welt spielt hier doch 5.d4) 6.dxe4. Alapin gab auf (um 1900).

Fesselnd fesselnd ...

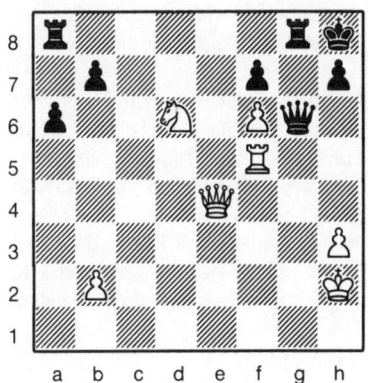

49 Weiß am Zug

Suta – Sutey
Bukarest 1953

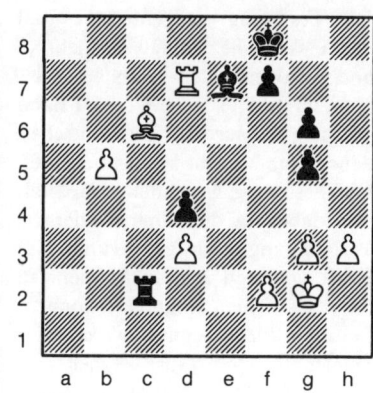

50 Weiß am Zug

Uhlmann – Malich
Berlin 1968

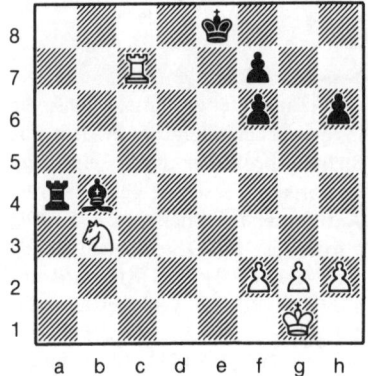

51 Weiß am Zug

Ivkov – Dückstein
Halle 1967

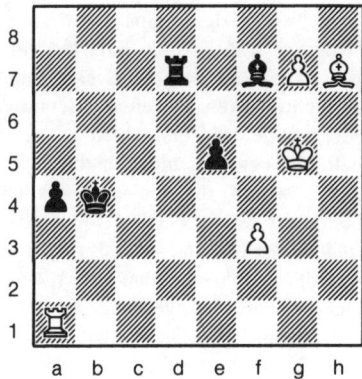

52 Weiß am Zug

Boekdrucker – Lewander
Fernpartie Holland 1936

Fesselnd fesselnd ... 36

Die Fesselung ist gefürchtet, weil dabei wertvolle Steine von nicht so hochwertigen (z. B. Dame von einem Läufer) festgehalten und dann geschlagen werden, was entscheidenden materiellen Verlust bedeutet. Die Fesselung ist weiter gefürchtet, weil dabei für den Angriff oder die Verteidigung wichtige Figuren ihre Kraft verlieren und nicht mehr in das Geschehen eingreifen können. Fesselnd (den Gegner) wirkt jeder Spieler fesselnd (auf Gegner und Kiebitze)! Unter der einzigen Voraussetzung, daß die Fesselung unzerreißbar, unauflösbar ist. Das ist sie in unseren vier Beispielen.

Einstimmung

| 49 | Sicher schmunzeln viele Leser hier über das selbstverständliche Manöver 1.Tg5. Aber das Beispiel zeigt doppelte Zielsetzung. Erstens ist die schwarze Dame an das Feld f7 gefesselt, denn gibt sie dessen Deckung auf, erfolgt Sxf7#. Mit 1. ...Dxf6 kann sie die Deckung aufrechterhalten. Zweitens ist nun eine zweite (die erste bleibt ja erhalten) Fesselung möglich durch 2. Dd4!, womit die schwarze Dame überlastet wird. Nach 2. ...Dxd4 folgt 3.Sxf7# und auf 2. ...Tg6, was die Dame scheinbar deckt, einfach 3.Txg6. Übrigens: 2.De5 täte nicht die gleichen Dienste wie 2.Dd4, denn 2. ...Dxe5 erfolgt mit Schachgebot!

Begründung

| 50 | Weiß schlug 1.Txd4 und glaubte, mit zwei Bauern mehr trotz der ungleichen Läufer gute Gewinnchancen zu haben. Warum aber zog er dann nach 1. ...Txf2†! 2.Kxf2 Lc5 nicht 3.Ke3? Begründung: Nun hätte er zwar nach Ke3 einen ganzen Turm und zwei Bauern mehr, aber der Turm wäre nach 3. ...f5 auf „ewig" gefesselt! In der Partie trennte man sich nach 3.Kf3 Lxd4 4.Ke4 Lf2 5.g4 Lb6 6.Ld5 Ke7 7.Lb3 f6 8.Kd5 Kd7 9.Lc2 La7 unentschieden.

Im Doppelnelson

| 51 | Nach 1.Tc4 befand sich Schwarz im „Doppelnelson", einem Griff wie im Ringen, der nur selten zu lösen ist und fast immer zur Niederlage führt. Die Fesselung (der „Doppelnelson" also) war auch hier tödlich: 1. ...Ke7 2.Td4 Kf8 (Ke6 3.Sc5†! und 3. ...Ke5 4.Txb4 Txb4 5. Sd3†!) 3.g3 Kg7 4.Kg2 Kg6 5.Tc4 (Sc5? Ta5!), und die Springerwanderung b3-d4-c6 gewann den Lb4 und damit auch die Partie.

Fessel-Wunder

| 52 | Eines der schönsten Beispiele in der Schachliteratur, in dem das Stellungsproblem durch eine tief verborgene Fesselung gelöst wurde. Auf den ersten Blick gleiche Kräfte, also remis. 1.g8D geht nicht wegen Lxg8 2.Lxg8 Tg7†. 1.Kf6 wird mit a3 beantwortet. Weiß gewann mit 1.Txa4†! Kxa4 2.Lg6! (droht einfach Lxf7) Lg8 3.Le8!, und Schwarz gab auf, denn der gefesselte Turm fällt, und das Läuferendspiel ist klar verloren. Phantastisch!

Lockvögel

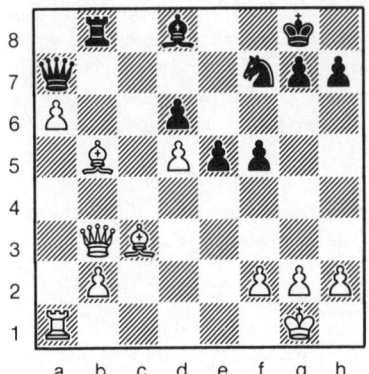

53 Weiß zog Dc2

Campora – Portisch
Sarajevo 1986

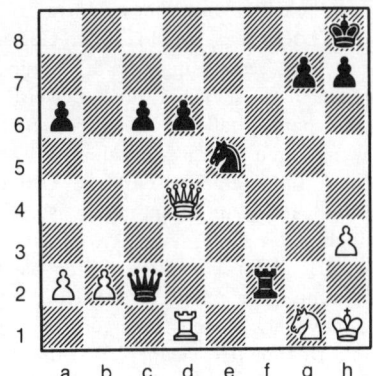

54 Weiß schlug Se5

Gaprindaschwili –
Borisenko
UdSSR 1958

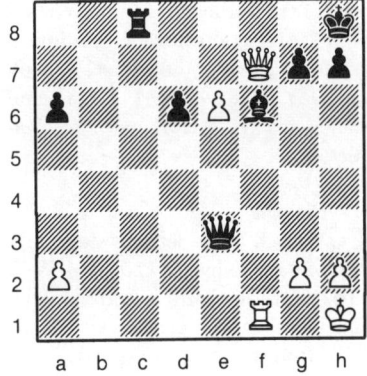

55 Weiß zog Txf6

Czaya – Dr. Staudte
Berlin 1938

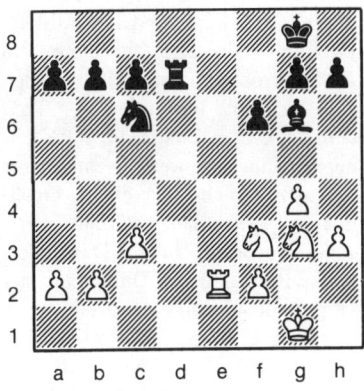

56 Schwarz erfand Lockvogel

Zinser – Karaklaic
Monaco 1967

Lockvögel

Ein beliebtes taktisches Motiv ist der „Lockvogel". Man lädt den Gegner ein, eine ungedeckte Figur (Bauer) zu schlagen, und beweist ihm dann, daß sie doch gedeckt war: durch einen taktischen Witz oder durch eine riesenstarke Drohung! Im Grund genommen ist ja auch jedes Opfer eine Art „Lockvogel". Beim korrekten Opfer bekommt man nach Verspeisen des Lockvogels Magenschmerzen, beim inkorrekten der Gegner. Warnung: In unseren vier Beispielen sind die „Lockvögel" unverdaulich . . .

Nebenprodukt

53 Mit dem Damenzug Dc2, der den Lb5 scheinbar im Stich läßt, hatte der argentinische Meister keineswegs eine Falle stellen wollen. Er wollte nur aus der Fesselung durch Tb8 heraus. Die indirekte Deckung des Lb5 war nur ein „Nebenprodukt" im weißen Spiel. Daß Schwarz nun mit 1. . . .Tb5? den Lockvogel verspeiste, wäre keiner Erwähnung wert, wenn dieser Verlustzug nicht von einem Großmeister „gefunden" worden wäre: Lajos Portisch! Nach 2.Da4! (siegreiche Rückkehr der Dame) gab der Ungar auf. Grund eins: Nach 2. . . . T beliebig folgt 3.De8 #! Grund zwei: Nach 2. . . .Db6 läuft mit 3.a7 der weiße a-Bauer schnurstracks „in die Dame".

Aber, aber gnä' Frau!

54 Nona Gaprindaschwili (Weltmeisterin 1962 — 1979) erkannte Se5 nicht als „Lockvogel" und zog 1.Dxe5?, was Grundlinienmatt droht und das Feld h2 deckt. Nach dem Motto „deckt und lanciert zugleich" antwortete Fernschachgroßmeister Borisenko 1. . . .Dg6, und Nona gab auf. De8† ist gedeckt — aber wer deckt für Weiß das Feld g2? Tödliche Mattdrohung!

Abwicklung

55 Dr. Staudte hätte mühelos das drohende Txf6 verhindern können, aber er wollte es als „Lockvogel" benutzen, um in ein leicht gewonnenes Bauernendspiel einzulenken. Es ist nicht bekannt, ob Weiß den Lockvogel erkannte, schließlich mußte er auf f6 schlagen, denn er war ja materiell im Nachteil. Auf der anderen Seite war die raffinierte schwarze Antwort sehr schwer zu sehen: 1.Txf6 Dxe6! (sowohl Dxe6 wie Txe6 verbieten sich wegen des mit Tc1 beginnenden Grundlinienmatts) 2.Df8† (erzwungen) Txf8 3.Txf8† Dg8 4.Txg8† Kxg8, und der schwarze Mehrbauer entscheidet.

Psychologie

56 Nach dem letzten Zug Te1-e2 war für Schwarz klar, daß Weiß Td2 und Turmtausch beabsichtigte, um dem starken Gegner ein Remis abzutrotzen. Mit 1. . . .Td6 (der Turm ist nun gedeckt) erfand er einen „psychologischen" Lockvogel! Und behielt recht: 2.Td2? Se5! überlastet den Sf3. Weiß gab auf. (2.Txd6 Sxf3† 3.Kg2 Sh4† nebst cxd6 oder 3.Sxe5 Txd2.)

Über Freibauern gestolpert

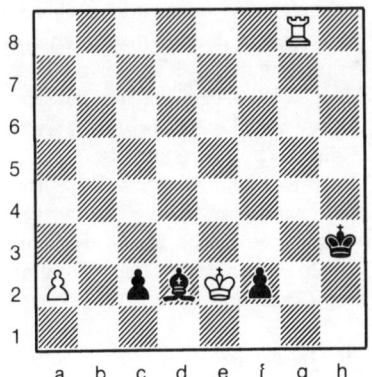

57 Weiß zog Tc8

Csanadi – Forintos
Budapest 1963

58 Weiß zog Kxe2

Romanowsky – Platz
Moskau 1916

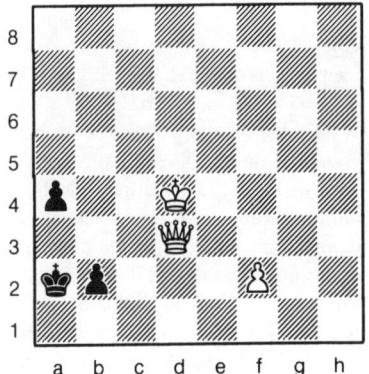

59 Weiß zog Kc4

Yates – Marshall
Karlsbad 1929

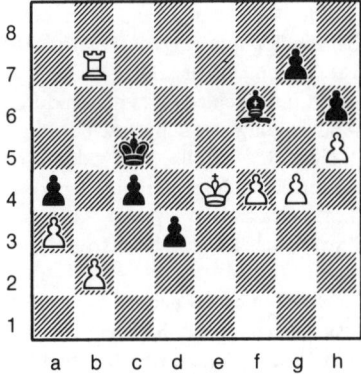

60 Schwarz zog Lxb2

Schachar – Aloni
Israel 1962

Über Freibauern gestolpert

Es ist eine Tatsache, daß unverhältnismäßig viele Spieler ins Schwitzen kommen, sobald ein Endspiel auf dem Brett erscheint. Ich habe das oft bei Open beobachtet: Viele (vor allem junge Spieler) beginnen die Partie wie ein Weltmeister, sind auch kombinatorisch und im Positionsspiel auf einer Höhe, die früher nur ein anerkannter Meister erreichte — aber im Endspiel werden die in der Eröffnung und im Mittelspiel gewonnenen Vorteile überraschend schnell verschleudert. Unsere vier Beispiele zeigen unnötige Verluste halber Punkte, weil über Freibauern gestolpert wurde.

Schach geben!

| 57 | Es gibt viele Stellungen, da muß man Schach geben, bzw. ein Schach vorschalten. So auch hier: Nach 1.Tc8 Lc3! (der berühmt-berüchtigte Zwischenzug) 2.Txc3† Kg2 mußte Weiß aufgeben, denn einer der beiden schwarzen Bauern wird zur neuen Dame. Die Partie war leicht unentschieden zu halten durch Abdrängung des schwarzen Königs: 1.Th8† Kg4 (falls Kg3 oder Kg2 weiter Schach geben mit Tg8†) 2.Tc8! (jetzt richtig) 2. . . .c1D 3.Txc1 Lxc1 4.Kxf2. Remis.

Nochmal: Schach geben!

| 58 | Auch große Meister wie Romanowsky, der zu den besten Meistern seiner Zeit gehörte, stolpern über Freibauern. Weiß verlor schnell nach 1.Kxe2? b2 2.Tg8 Ka6! 3.Ta8† Kb7, und einer der beiden schwarzen Bauern wird zur neuen Dame. Remis war auch hier zu erreichen durch Vorschalten von Schachgeboten: 1.Tg5†! Kb4 2.Tg4† Ka3 3.Tg3! (fesselt b3) Ka2 4.Txg2 b2 5.Txe2 Ka1 6.Txb2† Kxb2. Falls 3. . . .Kc3 (statt Ka3), so 3.Tg3† Kc2 und wieder 4.Txg2 usw. Der schwarze König kann versuchen, zur Mitte zu laufen, aber sobald er auf der e-Linie ankommt, folgt Txg2 und dann Txe2†.

Der falsche Weg

| 59 | Das ist leicht gewonnen für Weiß. Aber der Engländer Yates wählte einen falschen Weg: 1.Kc4?? b1D 2.Dxb1† Kxb1 3.Kb4 Kb2! (droht a3) 4.Kxa4 (erzwungen) Kc3 und hält den weißen f-Bauern auf! Und so würde die Stellung gewonnen: 1.Dc2! a3 2.Kc3 Ka1 3.Db3 b1D 4.Dxa3† Da2 (erzwungen) 5.Dxa2† Kxa2 6.f4 und läuft unhaltbar durch.

Alter Trick

| 60 | Nach 1. . . .Lxb2! 2.Txb2 c3 3.Kxd3? Kd5 4.Kxb2 Ke4 5.Kc3 Kxf4 6.Kb4 Kxg4 wurde das Bauernendspiel remis. Die Partie konnte gewonnen werden durch 3.Tb5†! (statt Kxd3). Dieses Schach gewinnt das entscheidende Tempo, denn nun droht cxb2 nicht mehr. Weiter: 3. . . .Kxb5 4.Kxd3 c2 5.Kxc2 Kc4 6.g5 Kd4 7.f5 Ke5 (hxg5 7.f6!) 8.f6 gxf6 9.gxh6 und gewinnt. Es fehlt noch ein Buch über die Gattung „Zwischenzüge", diese giftigsten aller giftigen Züge. Jeder Spieler hat ihnen schon Tribut gezollt.

Geben Sie doch einfach „Schach"!

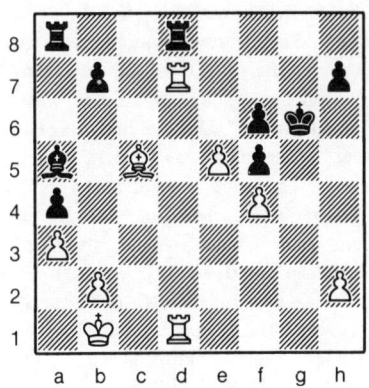

61 Weiß am Zug

Polugajewski – Szilagyi
Moskau 1960

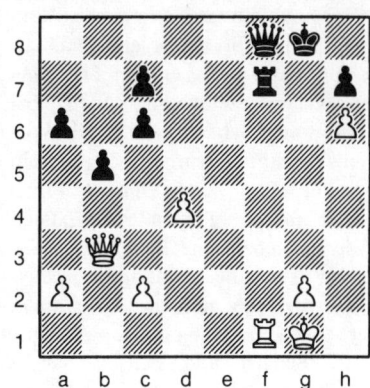

62 Weiß am Zug

Damjanovic – Lutikow
Sarajevo 1969

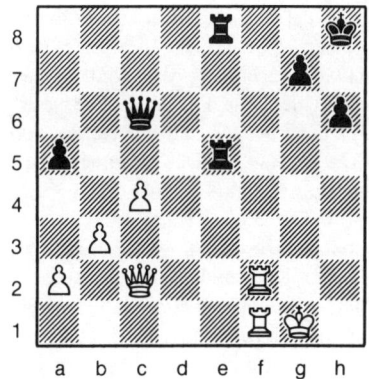

63 Schwarz am Zug

Bannik – Tscherepkow
UdSSR 1961

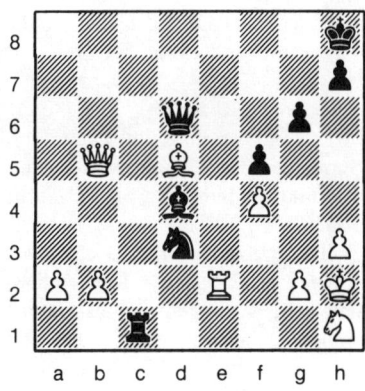

64 Weiß am Zug

Dr. R. Hübner – Petrosjan
Interzonenturnier
Biel 1976

Geben Sie doch einfach „Schach"!

Ein hochmütiges Schachwort lautet: Wenn ein Patzer ein „Schach" sieht, dann gibt „er es"! Das mag in vielen Stellungen gelten, bei denen ein „Schach(gebot)" alle Vorteile zerstören würde, weil nur ein „stiller Zug" zum Gewinn führt. Aber im königlichen Spiel passen wie im Leben gute Ratschläge eben nicht für alle Situationen (Stellungen). Man muß die Ausnahmen erkennen, im Schach also die Fälle, wo „Schach und Schach nach!" direkt zum Matt führt. Deshalb ein für viele Fälle guter Rat: Geben Sie doch einfach „Schach"!

Sehr leicht

61 Gerade das Leichte ist oft schwer. Hier aber nicht! Sie lösen das sicher mühelos „vom Blatt": 1.Tg1† Kh6 (Kh5 2.Txh7#) 2. Lf8† (lenkt Td8 ab) ...Txf8 (erzwungen) 3.Td3! (aha, der „stille Zug") und undeckbar 4.Th3#.

Scheu vor „Schach"?

62 Weiß wollte kein „Patzer" im Sinne des oben zitierten Spruches sein und zog feinsinnig aber schlecht 1.De6?, woraufhin die Partie nach 1. ...De7 2.Dg4† Kf8 3.Dc8† De8 4.Txf7† Kxf7 5.Dxc7† Kg6 schließlich in den ruhigen „Remis-Hafen" einlief. Dabei war mit „Schach und Schach nach!" die Stellung praktisch von selbst gewonnen: 1.Dg3† Kh8 2.De5† Kg8 3.Dg5† Kh8 4. Txf7 Dxf7 5.Dd8† Dg8 6.Df6† Dg7 (bitteres Muß, wenn man nicht vorher aufgeben will) 7. Dxg7#!

Keine Scheu vor „Schach"!

63 Schwarz war nicht, wie im vorigen Beispiel Großmeister Damjanovic, von „des Gedankens Blässe angekränkelt". Ohne Scheu, als „Patzer" angesehen zu werden, zog er 1. ...Tg5† und gewann nach 2.Tg2 Dc5†! 3.Df2 Te2, also auch hier ein „stiller Zug" (nicht nur still, sondern auch schön). Falls 4. ...Dxc5, so das Matt der beiden Türme 4. ...Tgxg2† 5.Kh1 Th2† 6.Kg1 Teg2#. Falls 3.Kh1 (statt Df2), so Th5† 4.Th2 Te8-e5!.

Bereits Legende ...

64 Ich muß mich entschuldigen, daß ich Ihnen noch einmal eine Mattführung zeige, die bereits Legende geworden ist, weil Großmeister Dr. Robert Hübner versäumte, „Schach und Schach nach" zu ziehen. Dr. Hübner konnte Exweltmeister Petrosjan in fünf Zügen mattsetzen: 37.De8† Kg7 38.Te7† Kh6 (Dxe7 verhindert das Matt, rettet aber nicht die Partie) 39.Df8† Kh5 40.Txh7#. Dr. Hübner aber zog 37.g3? Sxf4 38.De8? (immer noch gewann 38.gxf4 Dxf4† 39.Sg3 Lf2 40.Dd3) 38. ...Kg7 39.Te7† (zu spät) 39. ...Kh6 40.Sf2 Lxf2 41. Txh7† Kg5, und Weiß gab auf. Ist es nicht seltsam, daß Partien, in denen ein Meister bei wichtigen Turnieren scheiterte, länger im Gedächtnis der Schachfreunde leben als seine besten Partien? Robert Hübner lebt mit seinen Fehlern gegen Petrosjan und Kortschnoi in jedem Schachbuch. Noch viele Jahre!

Sperrzüge — Speerspitzen

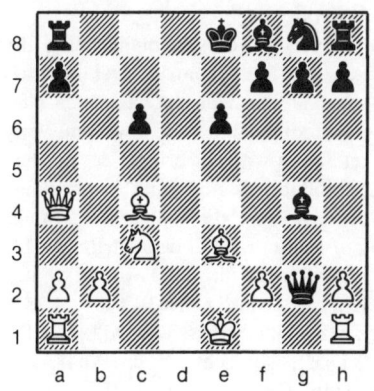

65

Weiß am Zug

Janowski – Schallopp
Nürnberg 1896

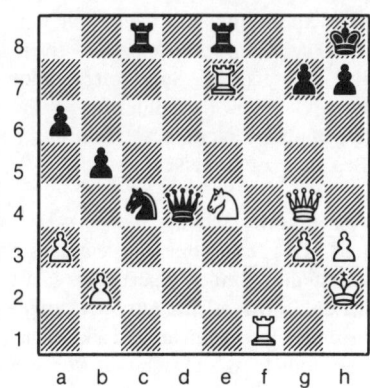

66

Weiß am Zug

Kornfilt – Hukel
Fernpartie 1965

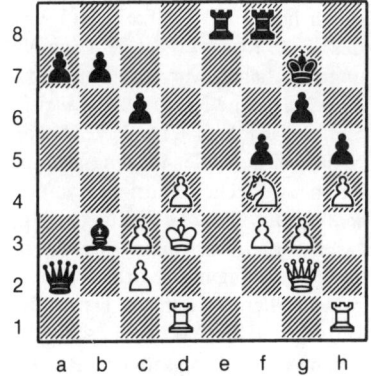

67

Schwarz am Zug

Taylor – Lamberti
Imperia 1961

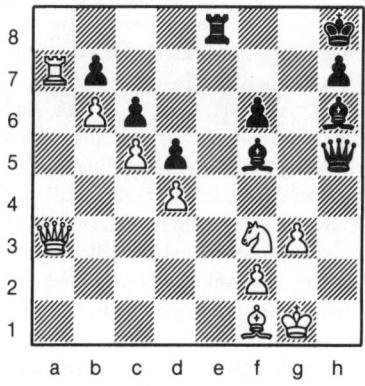

68

Schwarz am Zug

Kofman – Wolowitsch
Tallinn 1965

Sperrzüge — Speerspitzen

Der Sperrzug gehört zu den eindrucksvollsten taktischen Motiven. Er ist stets die Speerspitze eines Planes, einer Kombination. Seine Wirkung ist nicht besser als durch Beispiele zu beweisen.

Fast brutal!

65 Das ist wohl die einfachste Darstellung eines Sperrzuges. Mit 1.Ld5! wird nicht nur der angegriffene Königsturm gedeckt, sondern auch die Deckung von c6 durch die schwarze Dame unterbrochen. Die Exekution war schnell: 1. . . .exd5 (besser war sofortige Aufgabe der Partie!) 2.Dxc6† Kd8 3.Dxa8† Kd7 4.Db7† Ke6 5.Dc6† Ld6 6.Lf4, und Schwarz gab auf.

Fern und gut

66 Sicher erinnern Sie sich, daß viele Lastzüge einen Aufkleber „Fern und gut" zeigen. Fern und gut war in dieser Fernpartie der Sperrzug 1.Sf6! Er sperrt (wie vorhin ähnlich Ld5) die gegnerische Dame von der Deckung des Bg7 ab, während Te7 durch die Mattdrohung Dxc8 ausreichend geschützt ist. Der listige Rettungsversuch 1. . . . Dxb2† 2.Kh1 Dg2† 3.Kxg2 Se3† (Familienschach) ist natürlich indiskutabel, da mit Txe8 oder Sxe8 ein Turm verlorenginge. Schwarz versuchte noch 1. . . .Dxg4, gab aber auf nach 2.Sxe8, denn es droht entweder hxg4 oder Tf8≠. Zu notieren wäre noch: 1.De6? Dd8!. Oder 1.Tff7 Dxb2† usw. Oder 1.Sf6 Dxb2† 2.Kh1 Tg8 3.De4 und undeckbar Matt auf h7.

Überraschung

67 1. . . .Te2!! ist nicht gleich als Sperrzug zu erkennen. Der überraschende Turmzug sperrt jedoch alle Verbindungslinien der weißen Verteidigung. Zwar bringt er in der Schlußabrechnung „nur" einen Bauern ein, aber die schwarze Stellung ist leicht als Gewinnstellung zu identifizieren. In der Partie geschah: 2.Sxe2 Dxc2† 3.Ke3 Te8† 4.Kf4 Txe2 5.Df1 Kh6! 6.Te1 Dd2≠. Falls 2.Dxe2, so geht durch Lc4† die weiße Dame verloren. Die beste Abwicklung war 2.Kxe2 Dxc2† 3. Td2 Te8† 4.Kf1 Dc1† 5.Kf2 Dxd2† 6.Kg1 Dxc3, und der freie schwarze a-Bauer wird zum Riesen!

Klassisch

68 Wie im ersten Beispiel wieder ein klassischer Sperrzug: 1. . . .Te3! (trennt die weiße Dame von ihrem schutzbedürftigen Springer). Es geschah noch: 2.Ta8! (fxe3 Dxf3, und der weiße König erliegt dem Schlußangriff, ebenso wie nach dem Textzug) 2. . . .Kg7 3.Da7 Dxf3 4.Dxb7† Kg6 5.Tg8† Kh5 6.fxe3 Lxe3†, und Weiß gab auf. Die Ausgangsstellung ist in zweifacher Hinsicht symptomatisch für ähnliche Stellungen (wobei natürlich nicht immer ein Sperrzug zur Verfügung steht): 1. Weißer positioneller Vorteil am Damenflügel. 2. Dafür taktische schwarze Chancen im Königsangriff. Bei den Partien der großen Meister besticht immer wieder ihr kunstvolles Spiel „auf zwei Flügeln". Das ganze Brett ist ihr Königreich. Alles klingt zusammen!

Damenopfer! Opfer??

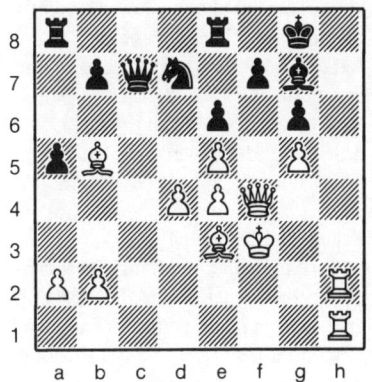

69 Weiß am Zug

Paz – Segal
Tel Aviv 1966

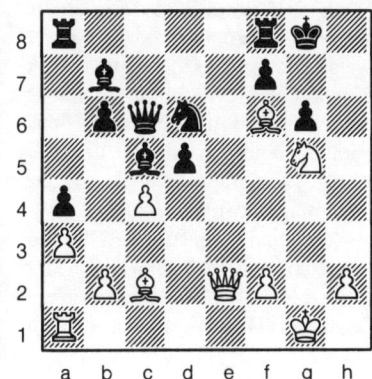

70 Weiß am Zug

Hecht – Keene
Brunnen 1966

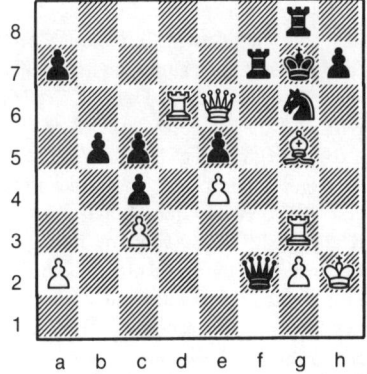

71 Weiß am Zug

Witkowski – Blaszczak
Polen 1953

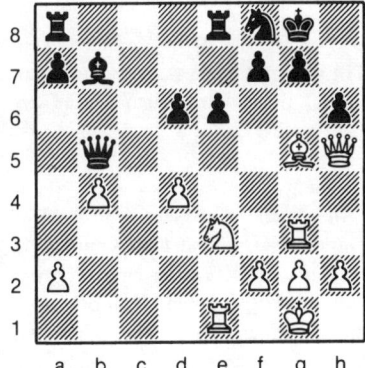

72 Weiß am Zug

Torre – Dr. Em. Lasker
Moskau 1925

Damenopfer! Opfer??

Noch immer gilt das Opfer der Dame — der wertvollsten Figur! — als das aufregendste und spektakulärste! Aber schon der österreichische Großmeister Rudolf Spielmann, seinerzeit ein gefürchteter Angriffsspieler, stand vielen Damenopfern kritisch gegenüber. Er forderte, ein Damenopfer, das unmittelbar und zwingend zum Matt führe, nicht als Opfer zu bezeichnen. Zu dieser Diskussion vier Damenopfer:

Tödlich!

69 Hier ist das nach 1.Lxd7 (beseitigt einen Bewacher von f6) Dxd7 erscheinende Damenopfer 2.Df6! die logische Folge hervorragender Spielführung von Weiß (Besetzung der tödlichen h-Linie). Die weiße Dame erzwingt, gleichgültig, ob ihr Opfer angenommen wird oder nicht, durch ihre Wirkung bis nach h8 das Matt (in zwei Zügen). a) 2. . . .Lxf6 3.gxf6 und 4.Th8 #. b) 2. . . .beliebig 3. Th8† Lxh8 4.Txh8 #. Hier kann man m. E. nicht von einem Opfer der Dame sprechen.

Krönung

70 Auch in diesem Fall ist das Damenopfer selbst kein Genieblitz, sondern die Krönung einer vorzüglich durchgeführten Kombination, die mit einem Turmopfer begonnen hatte. Bemerkenswert ist nicht die mit 1.Dh5 eingeleitete Drohung, auf h7 mattzusetzen (durch die Dame oder, nach gxh5, den Läufer), sondern die feine Art und Weise, wie sich der weiße König aus den schwarzen Schachgeboten richtig „herausläuft". Es geschah: 1. . . . Lxf2† (darauf hatte sich der Engländer verlassen) 2.Kxf2 Se4† (Dc5 3. Kg2 usw.) 3.Sxe4! gxh5 4.Tg1† Kh7 5.Sc5†, und Schwarz gab auf (Kh6 6.Lg7 #).

Schön und zwingend!

71 Auch hier verdient das Erreichen einer solch wundervollen Angriffsstellung bestimmt ebensoviel Bewunderung wie das mit dem Opfer der Dame beginnende zwingende Schluß-Spiel. Höhepunkt sind zwei als Doppelschach auftretende Abzugsschachs! Eine Kombination für Feinschmecker: 1.Dxe5†! Sxe5 (erzwungen) 2.Lf6†† (erstes Doppelschach) 2.. . .Kh6 (Kf8 3.Td8 #) 3.Lg7†† (zweites Doppelschach) 3. . . .Kh5 4.Th6 #.

Schon Legende

72 Ein berühmtes Damenopfer, das aber nicht zwingend zum Matt führte, wohl aber zum Gewinn mehrerer Bauern. 1.Lf6! Dxh5 2.Txg7† Kh8 3.Txf7† Kg8 4.Tg7† Kh8 5. Txb7† Kg8 6.Tg7† Kh8 7.Tg5† (nach „Rasieren" der 7. Reihe nun erst Rückgewinn der Dame) 7. . . . Kh7 8.Txh5 Kg6 (gewinnt nur die Figur zurück) 9.Th3 Kxf6 10.Txh6†, und Weiß (Torre kam aus Mexiko, der heutige Großmeister Torre ist ein Filipino) gewann leicht. Die Kombination wird auch gerne als „Mühle-Spiel auf dem Schachbrett" bezeichnet. Die „Mühle" geht auf und zu, gewinnt Stein um Stein.

Springers Traum: Familienschach!

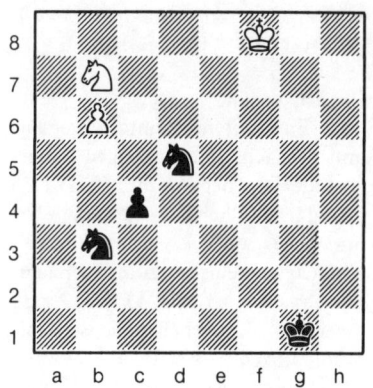

73 Weiß erzwingt remis

V. V. – Yakimshik
UdSSR 1933

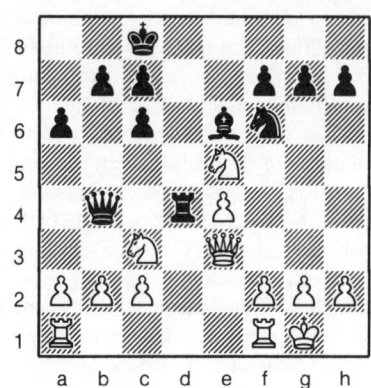

74 Weiß am Zug

Bogoljubow – H. Müller
Triberg 1934

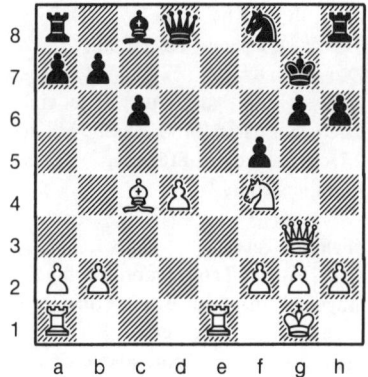

75 Weiß am Zug

H. Wagner – Rellstab
Swinemünde 1930

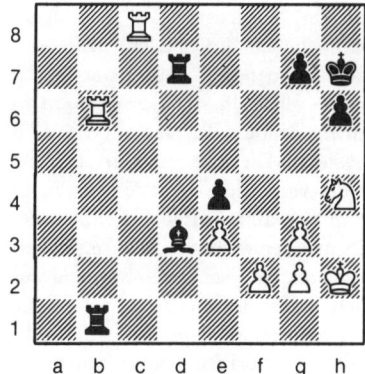

76 Weiß am Zug

Dr. Tartakower – Rey
Paris 1934

Springers Traum: Familienschach!

Der Traum eines jeden stammesbewußten Springers ist es nicht erst seit Morphys Zeiten, dem Feind ein „Familienschach" zuzufügen, eine fast stets tödliche Wunde, denn wenn auch der angegriffene König, den Regeln gehorchend, ängstlich vor den harten Hufen zur Seite tritt, der Verlust der Gemahlin zwingt ihn bald zur Kapitulation.

Ich finde den Ausdruck „Familienschach" trefflich dem wirklichen Leben abgelauscht. König und Königin verbinden auf dem Schachbrett echte Familienbande, des einen Leid ist des andern Leid.

In Lindörfers Schachlexikon wird „Familienschach" als „Springergabel in erweiterter Form" bezeichnet. Der Springer kann gleichzeitig König + Dame + beide Türme bedrohen.

Studien-Motiv

73 Familienschach des Springers ist ein häufiges Motiv in Studien (künstlichen Endspielen). Ein einfaches, aber sehr geistreiches Stück wurde 1933 in der Sowjetunion in einem Studien-Turnier mit viel Lob bedacht. Die Lage ist klar: 1. Weiß muß versuchen, den schwarzen c-Bauern aufzuhalten. 2. Schwarz ebenso den weißen b-Bauern. 3. Bleiben nur zwei schwarze Springer auf dem sonst leeren Brett, so ist die Stellung remis, denn die Übermacht von zwei Springern kann selbst mit Hilfe ihres Königs das Matt nicht erzwingen! Die Lösung: 1.Sd6 (das ist noch leicht) c3 2.b7 Sc5 3.Sb5 (b8? Sd7 Familienschach) 3. . . .c2 4.Sd4! c1S (c1D? 5.Se2 Familienschach 5.b8S! Zwei gegen drei Springer = remis!

Doppelt genäht

74 Eine seltene Pointe: Zwei Familienschachs in zwei Zügen hintereinander! Es begann mit 1.Sd5 Dc5 2.Dxd4!, und Schwarz gab auf. Warum? Die weißen Springer reiten nämlich gemeinsam zum Familienschach: 2. . . .Dxd4 3.Se7† Kd8 (oder Kb8) 4.Sxc6† (Familienschach!) bxc6 5.Sxc6† (sofort das zweite Familienschach) nebst Sxd4, und Weiß hat genügend Material zum Gewinn.

Als Motor . . .

75 . . . tritt hier das Familienschach in einer wichtigen Variante auf: 1.Te8! (geschützt durch den mächtigen Sf4!) 1. . . .Dg5 (falls 1. . . .Dxe8, so 2.Sh7† Kh7 3.Sf6 mit Familienschach. Falls 1. . . .Dxd4, so 2.Sh5† Kh7 3.Te7†) 2.De3 h5 3.De5†, und Schwarz gab auf (3. . . . Df6 oder Kh7 4.Te7†). In der Ausgangsstellung ging auch (wie einst Theo Schuster fand) 1.Sh5† Kh7 2.Dc7†! Dxc7 3.Sf6† Kg7 4.Se8† Familienschach!

„Familie Turm"

76 Nach 1.Te6 gewann Weiß nach langem Kampf nur durch Hilfe eines gegnerischen Fehlers. Betrachtet man auch zwei Türme als „eine Familie", so konnte Weiß mit 1.Sg6! (droht Th8#) 1. . . .Txb6 2.Sf8† Kg8 (Kh8) 3.Sxd7† (Abzugsschach) nebst 4.Sxb6 die „Familie Turm" ausrotten!

Vier Blattschüsse

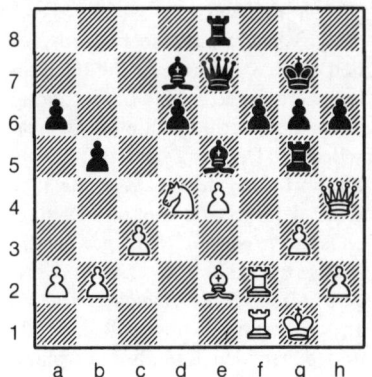

77 Schwarz am Zug

Radovic – Kolaroff
Ploesti 1957

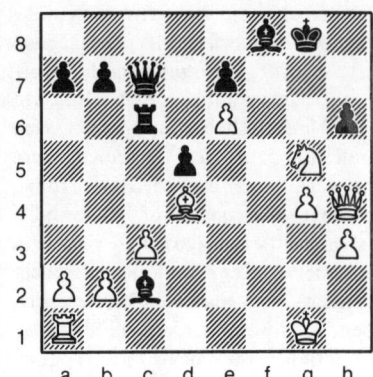

78 Weiß am Zug

Starck – Berthold
Gera 1962

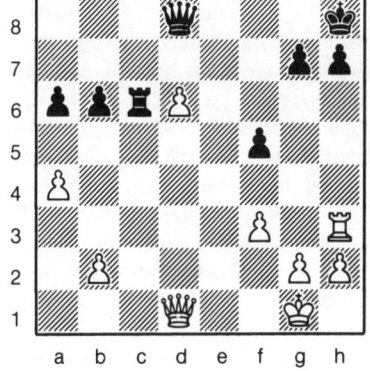

79 Weiß am Zug

Gligoric – Auerbach
Titovo 1966

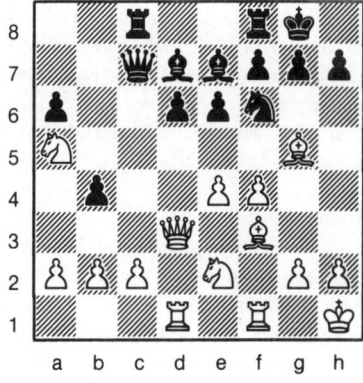

80 Schwarz zog Lb5

Sköld – Johannssen
Olympiade Moskau 1956

Vier Blattschüsse

Eigentlich ist die zusammenfassende Überschrift „Vier Blattschüsse" nicht ganz zutreffend, denn unter Jägern gilt der Blattschuß als ein Meisterschuß. In unseren vier Fällen aber ist der Gewinnzug keineswegs immer eine Meisterleistung, er liegt sozusagen „auf der Hand". Aber Blattschuß darf man vielleicht trotzdem sagen, weil die entscheidenden Züge tödliche Wirkung haben, auch wenn in einigen Fällen der Materialgewinn nicht sofort zum Sieg führt.

Abschied von Madame

| 77 | Man muß hier ganz unhöflich fragen, wie „die Kuh auf das Dach kam"? Genau gefragt: Wie kam denn Madame Weiß in so tödliche Gefahr? Da muß doch jemand geschlafen haben!
Sei's drum: nach 1. . . .Th5! 2. Lxh5 g5 mußte Weiß von seiner Dame Abschied nehmen. Zwar bekommt er mit 3.Lxe8 auch den zweiten Turm, aber mit Dame plus Läufer gegen zwei Türme besitzt nun Schwarz genügend Material zum Gewinn.

Genußreich!

| 78 | Wer möchte in einer Turnierpartie nicht so stehen wie hier Weiß? Mit 1.Df2 wurde der Blattschuß gegen den von seinen beiden Läufern nur ungenügend verteidigten schwarzen König vorbereitet. Es folgte 1. . . . Lg6 2.Df7† Lxf7 3.exf7 ‡. Wer ruft da bewundernd „Damenopfer"!? Es muß ein Genuß sein, in solcher Stellung die Dame zu „opfern"!

Stolzer Freibauer

| 79 | Schwarz hatte soeben mit Tc6 den weißen Freibauern d6 angegriffen, zum zweiten Male. Aber dieser Angriffszug ermöglichte die überraschende Deckung durch 1.Th6! Nach 1. . . .gxh6 2.Dd4† Kg8 3. Dd5† Kf8 4.Dxc6 war das Damenendspiel leicht für Weiß gewonnen. (Falls 1. . . .Dd7, so 2.Te6.) Übrigens: Greift Schwarz nicht sofort d6 an, so kommt Weiß zu f4 und Td3 und behält den Bd6 als Faustpfand für den Sieg. Gerade weil 1.Th6 gar nicht so leicht zu sehen war, darf man ihn als „Blattschuß" bezeichnen.

Seltener Fall

| 80 | Das ist der einzige (und eben sehr seltene) Fall, in dem der Enpassant-Schlag im Mittelspiel eine Figur gewann. Ein Glücksfund für unsere Betrachtungen! Schwarz glaubte aus unerfindlichen Gründen, den Sa5 (der dort einen schwarzen Kollegen geschlagen hatte) nicht sofort nehmen zu müssen, sondern schaltete 1. . . .Lb5 ein. Nach dem überraschenden 2.c4! bxc3 en passant 3.Dxc3 entzog sich die weiße Dame dem Angriff des frechen Lb5 und deckte gleichzeitig ihren Sa5. Schwarz, um eine Figur ärmer (auch nach 2. . . .Dxa5 3.cxb5), gab enttäuscht auf, ein Opfer der En-passant-Regel.

In der Problemliteratur gibt es nur wenige Aufgaben zum Thema „En-passant-Schlagen". Dieses Thema wird vorrangig im Zusammenhang mit der Retroanalyse dargestellt.

Entfesselungskünstler

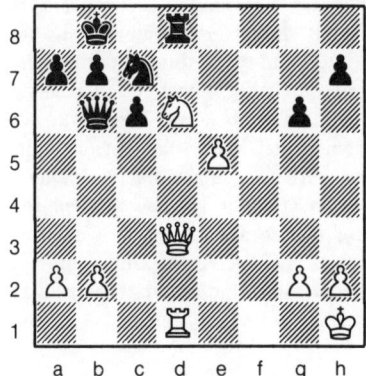

81

Weiß am Zug

Horne – Mardle
Hastings 1953

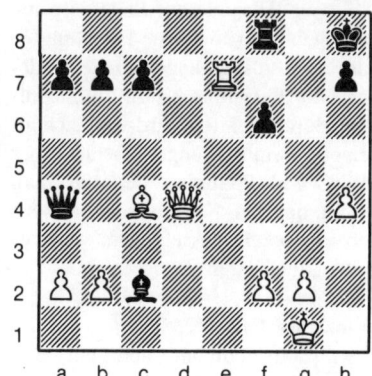

82

Schwarz zog b7-b5

Littlewood – Roth
Olympiade Havanna 1966

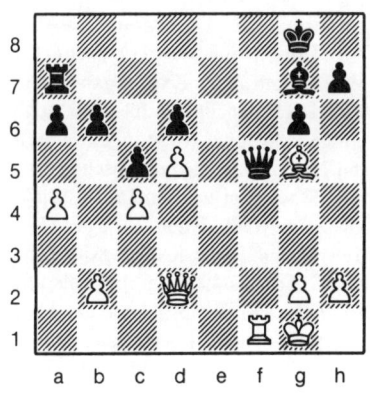

83

Schwarz zog Ld4†

Toran – Kuypers
Malaga 1965

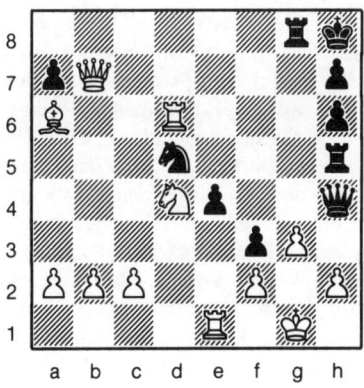

84

Weiß am Zug

Onescius – Gama
Rumänische
Meisterschaft 1955

Entfesselungskünstler

Die vier Beispiele auf Seite 35 zeigten hieb- und stichfeste Fesselungen, darunter ausgefallene Stücke, in denen die Fesselung eisern und geduldig durchgehalten wird und sich zu einer Gewinnstellung verdichtet. Aber Witz und Phantasie benötigt man nicht nur bei Fesselungen, sondern ebenso bei Entfesselungen, wenn es gilt, „die Ketten zu sprengen".

Einfacher Fall

81 Statt einfach und gut Sd5 zu spielen, war Schwarz im letzten Zug auf die Fesselung des Sd6 durch Td8 verfallen. Hier war die Entfesselung keine Kunst: 1.Sc4! Txd3 2.Txd3 und gewann die Qualität, da wegen der Mattdrohung Td8 die schwarze Dame nicht gerettet werden konnte.

Prächtiger Konter

82 Sicher hatte Schwarz hier nicht geschlafen, sondern erkannt, daß die Drohung Dg4 durch Lg6 ausreichend gedeckt wird. Aber ebenso sicher hatte er nach 1. . . .b5? nicht berücksichtigt, daß Weiß die Fesselung des Lc4 durch den prächtigen Konter 2.Te8! mit einer viel gefährlicheren Fesselung (des Tf8 nämlich) beantworten konnte. Schwarz gab auf, da die Mattdrohung Dxf6 nur mit 2. . . .Kg7 aufzuhalten wäre, wonach aber 3.Txf8 Kxf8 4.Dxf6 zwingend zum Matt führt.

Kreuzfesselung

83 Triumphierend zog Schwarz nach 1. . . .Ld4† 2.Le3 seine Dame nach g5, und das seltene Bild einer Kreuzfesselung (hier Le3, gefesselt durch Ld4, weil sein König hinter ihm steht, und ebenso gefesselt durch Dg5, weil er seine Dame nicht im Stich lassen kann) war auf dem Brett! Weiß scheint eine Figur zu verlieren, denn nach Deckung durch Tf3 oder Te1 drückt auch Te7 auf den Punkt e3. Doch Weiß zerstörte die Kreuzfesselung mit 3.Dxd4! und hatte nach 3. . . .cxd4 4.Lxg5 eine Figur mehr.

Dame sprengt die Fesseln

84 Der erste Zug ist leicht zu finden, denn nur 1.Sxf3 deckt den Mattzug Dxh2. Der zweite Teil des Springeropfers ist für Weiß genau so wichtig, nämlich, daß dadurch die e-Linie geöffnet wird. Nach dieser Vorbereitung fordert der zweite weiße Zug unseren Beifall heraus: 2.Dg7†!! ist materiell gesehen „nur" ein origineller Damentausch. Aber ein Tausch mit Vorteilen nur für Weiß! Nach 2. . . .Kxg7 3.gxh4 Kh8† 4.Kh1 Txh4 5.Tg1 muß Weiß noch einige taktische Wendungen „abreiten", aber sobald die Einschnürung auf f3 beseitigt werden kann, spricht alles für Weiß. Nach 2. . . .Txg7 3.Te8† Tg8 4.Txg8† Kxg8 5.gxh4 Txh4 6.Lb7 Td4 7.c4 liegen ebenfalls alle Chancen bei Weiß. Noch ein paar Worte zu dem überraschenden 2.Dg7†. Solche Züge sind in der Vorausberechnung für beide Spieler schwer zu sehen. Ein so überraschender Zug kann, wie hier, wie ein Blitz einschlagen! Dg7† — Pech für Schwarz, der mit vollem Risiko gestürmt hatte.

Pointen im Endspiel

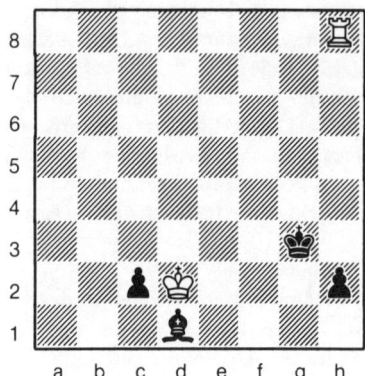

85 Schwarz am Zug

Dziobek – v. Scheve
Berlin 1920

86 Schwarz am Zug

Bonet – Rico
Gijon 1958

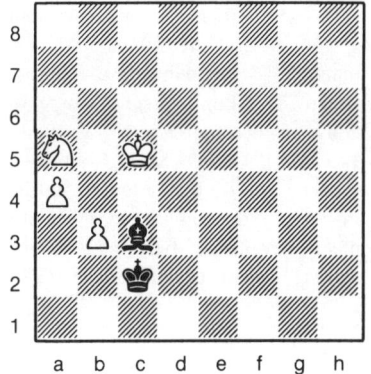

87 Schwarz am Zug

Parma – Gligoric
Bled 1961

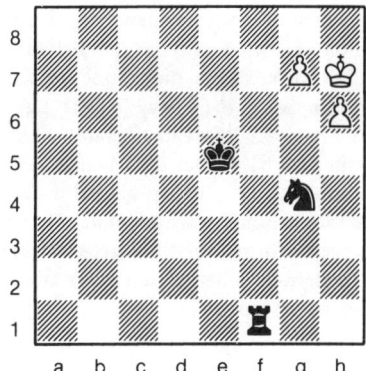

88 Schwarz am Zug

Soos – Günsberger
Rumänische
Meisterschaft 1956

Pointen im Endspiel

Pointen im Endspiel! Darüber könnte man gut ein Dutzend Bücher schreiben — abgesehen von den vielen, die es schon gibt. Das Endspiel ist wohl die am genauesten untersuchte Phase des königlichen Spiels. Immer umfangreicher wird unser Wissen über die verschiedenen Endspiele, und nicht nur ich wünschte mir einen Endspiel-Computer, der mir immer den richtigen Weg zeigt. Die vier Beispiele sind wahllos ausgewählt. Jedes hat natürlich seine Pointe. Wie gesagt: Vier Sandkörner aus einem riesigen Meer...

Kameradschaftshilfe

85 Diese Stellung ist Ihnen sicher schon mal irgendwo begegnet. Sie enthält eigentlich zwei Pointen: 1. Ein Läuferopfer, um den schwarzen König von den Schachs des weißen Turms zu befreien. 2. Die Kameradschaftshilfe der beiden schwarzen Freibauern, durch die der h-Bauer „mit Schach" in die Dame ziehen kann. Also: 1....Kg2 2.Tg8† Lg4! 3.Txg4† Kh3! 4.Tg8 (um mit Th8† eine auf h1 entstehende Dame „abzuholen") 4....c1D†! 5.Kxc1 h1D†, und Schwarz gewinnt mit Dame gegen Turm (was übrigens vielen Spielern in Blitzturnieren gar nicht so leicht fällt).

Brückenbau

86 Es ist klar, daß Schwarz nur gewinnen kann, wenn er zu dem d-Bauern noch einen zweiten Bauern behalten kann. Es droht Kxe5 und remis. Der Gewinn ist durch den klugen schwarzen Läufer möglich, der seinem König eine Brücke zum Bauern f4 baut: 1....La3! 2.Kxe5 Ld6†! (die Pointe, die f4 deckt) 3.Kxd6 (nach Ke4 muß sich der weiße Läufer für den d-Bauern opfern, und dann gewinnt der f-Bauer) 3....Kd3 nebst Ke3 und f3, und ein schwarzer Bauer wird zur Dame!

Disziplin

87 Im dritten Beispiel wird vom schwarzen König und seinem Läufer äußerste Disziplin verlangt! So würde 1....Lxa5 nach 2.b4 schnell verlieren. Der schmale Grat zum Remis beginnt mit 1....Kb2! 2.Kc4 (auf Kb5 muß Ka3 folgen!) 2....Lxa5 3.b4 Lb6 4.a5 Lf2 5.a6 (auf b5 muß Ka3 folgen!) 5....La7 6.Kb5 Kc3 7.Ka4 Lb6 remis, denn die weißen Bauern sind gezähmt.

Betrogene Übermacht

88 Aber, aber, das ist doch leicht gewonnen für die schwarze Übermacht! Wo soll denn da die Pointe liegen? Die Pointe liegt darin, daß Schwarz nicht gewann! Es geschah: 1....Th1 2.g8D Sf6† (Familienschach, bitte) 3.Kg7 Sxg8 4.h7! (die Pointe), und Schwarz konnte nicht mehr gewinnen. Betrogene Übermacht! Leicht gewann: 1....Th1 2.g8D Sf6† 3.Kg7 Tg1† 4.Kf7 Txg8 5.h7 Th8.

*

Noch n' Ding! Riga 1954. Weiß am Zuge Friedstein: Kg4 Tb8 — Schwarz Lutikow: Kd4, Bc3, c3. 1.Tb3?? verlor! 1....c2 2.Tb4† Kd5 3.Tb5† Kd6 4.Tb6† Kc7! war mühelos remis durch 1.Tb4†!

Vier „Abziehbilder"

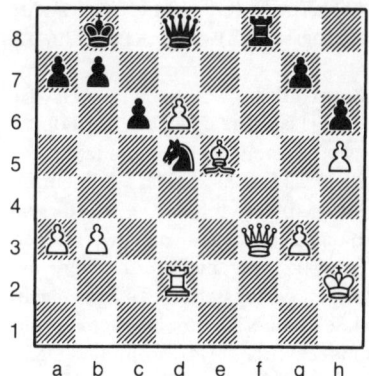

89 Weiß am Zug

Persitz – Mazzoni
Paris 1956

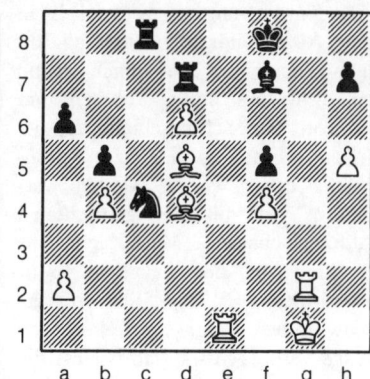

90 Weiß am Zug

Teschner – Stahlberg
Hamburg 1955

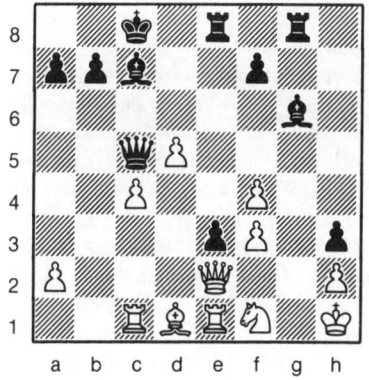

91 Schwarz am Zug

Bakulin – Bronstein
UdSSR-Meisterschaft
Kiew 1965

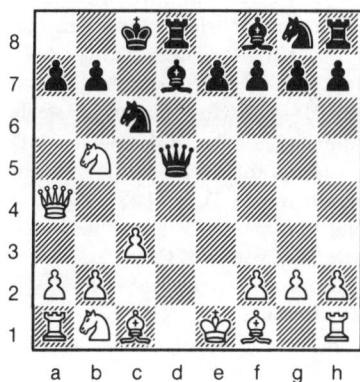

92 Weiß zog Sxa7†

Dutch – Sugden
London 1964

Vier „Abziehbilder"

Als Kinder hatten wir viel Spaß an „Abziehbildern". Man sah auf dem Papier verschwommen irgend ein Bild und mußte rubbeln, um es von der Schutzschicht zu befreien, worauf es in ganzer Schönheit sichtbar wurde. Ähnlich verhält es sich mit dem gefürchteten „Abzugsschach". Man sieht die Stellung vor sich auf dem Brett, aber meist ist das Bild so verschwommen — unserem planenden Auge verborgen —, daß wir oft die Gefahr zu spät erkennen und hilflos dem tödlichen Abzug ausgeliefert sind. Wie in den folgenden vier „Abziehbildern".

Von selbst ...

89 Das ist mühelos „vom Blatt" zu lösen. Ob nun das Abzugsschach im ersten oder im zweiten Zuge erfolgt, immer bringt es reichen Gewinn, nämlich einen Turm! Also: 1.d7† Ka8 2.Dxf8 Dxf8 3.Lc7!, und auf d8 entsteht eine neue weiße Dame. (3. ... .Sxe7 führt nach 4.d8D Dxd8 5.Txd8 zum Matt.) Nun anders herum: 1.Dxf8 Dxf8 2.d7† Ka8 und wieder Lc7! Das spielt sich wirklich „von selbst" ...

Zwickmühle

90 ... so hat der deutsche Meister Rudi Teschner (seit vielen Jahren Redakteur der traditionsreichen „Deutschen Schachzeitung" und ein erfolgreicher Buchautor) selbst die Gewinnführung bezeichnet. Und so läuft die „Mühle": 1.Lg7† Kg8 2.Lf6† (das erste Abzugsschach) 2. ... Kf8 3.Le7† Ke8 4.Lg5† (das zweite Abzugsschach) 4. ... .Kf8 5.Lh6 ‡.

Kunstvoll

91 Das Abzugsschach wird durch zwei Figurenopfer vorbereitet: 1. ... Ld3! 2.Dxd3 Tg1†!! (Hineinziehungsopfer) 3.Kxg1 e2† (diesem Bauernzug galten die zwei Opfer. Schwarz war nichts zu teuer, um dieses Abzugsschach zu erzwingen) 4.Se3 (auf Kh1 war Df2 geplant mit undeckbarer Mattdrohung Dg2!) 4. ... .Txe3 5.Df5† Te6† (als Dreingabe noch ein Kreuzschach), und Weiß gab auf. (6.Kh1 Df2 7.Txe2 Df1‡ oder 7.Tg1 Dxg1† 8.Kxg1 e1D‡) Imponierende Kombination!

Klassisches Vorbild

92 Auf das ahnungslose 1.Sxa7? Sxa7 2.Dxa7 folgte das klassische Damenopfer 2. ... .Dd1†! 3.Kxd1 Lg4†† (das Abzugsschach in seiner gefährlichsten Form, nämlich als Doppelschach) 4.Ke1 (Kc2) Td1 (Dd1)‡! Weiß kannte das klassische Vorbild nicht, wohl aber Schwarz! 1910 in Wien freie Partie zwischen Reti (Weiß) und Dr. Tartakower (Schwarz): 1.e4 e6 2.d4 d5 3.Sc3 dxe4 4.Sxe4 Sf6 5.Dd3 a5 6.dxe5 Da5† 7.Ld2 Dxe5 8.0-0-0 Sxe4? 9.Dd8 Kxd8 10.Lg5†† Kc7 (Ke8) 11.Ld8 (Td8) ‡. Es ist erstaunlich, welch zähes Leben bestimmte Fehler haben, denn sie werden immer wieder gemacht. So wie hier das ahnungslose Zulassen der bekannten Abzugsmaschinerie. 1910 geboren, feiert sie jedes Jahr fröhliche Urständ'. ...

Doppelt genäht ...

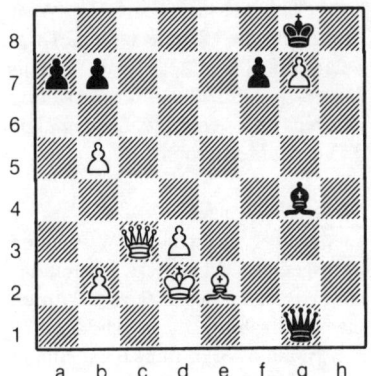

93 Weiß am Zug

Plater – Johansson
Olympiade Moskau 1956

94 Weiß am Zug

Sölter – Ophoff
Bielefeld 1965

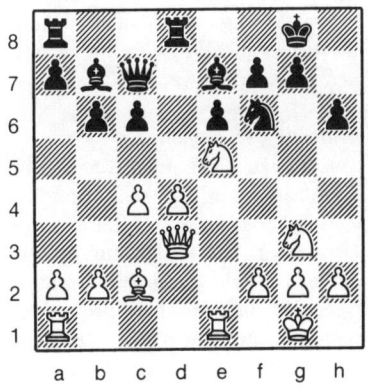

95 Weiß am Zug

Lilienthal – Schamkowitsch
Baku 1951

96 Weiß am Zug

A. Steiner – Przepiorka
Hastings 1924/25

Doppelt genäht ... 58

Doppelt genäht hält besser, so lautet eine alte Volksweisheit. Sie gilt auch auf dem Schachbrett! Eine Drohung ist gut — aber zwei Drohungen sind besser. Wenn mit einem einzigen Zug zwei Drohungen aufgestellt werden, so spricht man griffig von „Doppelangriff". Ich glaube, daß die vier Beispiele alles über dieses kraftvolle und mächtige taktische Motiv aussagen, das für den „doppelt angegriffenen" Spieler meist tödlich wird. Vorausgesetzt, sein Gegner sieht es ...

Leicht zu sehen?
93 Als Weiß 1.De5 zog (was nach 1....Lxe2 2.Kxe2 Dxg7 3.Db8† schnell zum Remis führte), hätten die Kiebitze ihm am liebsten zugerufen: „Sieh, das Gute liegt so nahe!" Nämlich direkt neben dem Feld c3. Mit 1.Db4! konnte Weiß durch Doppelangriff — es droht sowohl Dxg4 wie Df8† — sofort gewinnen.

Riesen-Schwenk
94 Wie der starke Amateur Sölter den tödlichen Doppelangriff vorbereitete und durchführte, das hätte auch einem Großmeister zur Ehre gereicht! Zuerst schwenkte die weiße Dame mit 1.Dh4 zum rechten Rand des Bretts, dann auf 1. ...Kh8 mit (2.Da4) einem Riesen-Schwenk quer über das ganze Brett an den linken Rand. 1.Dh4 droht Dxf6. Die Dame kann diesen Turm nicht decken, weil sie auf dessen Kollegen b3 aufpassen muß. Auf 1..Tf8 folgt 2.f6 g6 3.Lxg6 usw. Auf 1. ...Kf7 folgt Dxh7. Deshalb ging Schwarz mit 1....Kh8 aus der Fesselung. Aber nun kam der wunderschöne Doppelangriff 2.Da4! Es droht erstens Dxb3 (materieller Gewinn) und zweitens auf einen Zug des Tb3 3.De8 ‡! Meisterlich!

Vorreiter Springer
95 Mit 1.Sh5 schickte Weiß einen Springer als „Vorreiter" ins feindliche Lager. Gedeckt wird er durch die Mattdrohung 1. ...Sxh5 2.Dh7† nebst Dh8‡. Statt nun zuerst einmal seine auf c7 ungedeckt stehende Dame mit etwa Tac8 zu decken, begab sich der schwarze König mit 1....Kf8 aus der Mattdrohung und drohte Sxh5. Aber nun warf ihn der Doppelangriff 2.Dg3 zu Boden. Dg3 droht erstens Dxg7† usw. und zweitens (auf Sxh5, was g7 entlastet) Sg6† und Damengewinn durch die mit Schach erfolgende Demaskierung der weißen Dame. Da beides nicht gleichzeitig zu decken ist, gab Schwarz auf.

Kraftvoll und elegant!
96 Sicher sieht auch 1.Sxc7 Sb6 2.Sxa8 usw. gut für Weiß aus. Aber viel wirkungsvoller war der elegante Damenzug 1.Dc1, der durch Räumung das Feld g5 für den Springer freimacht und doppelt droht: Erstens Sg5, zweitens Sxc7 — und auch noch Läufer c4 deckt. Wenn man die Schachliteratur nach langen Damenzügen durchforscht, so wird man solche nur selten im Mittelspiel finden. Im Endspiel sind sie dagegen keine Seltenheit, jedoch kaum einmal spektakulär!

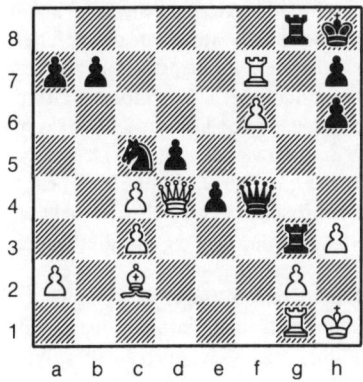

97 Schwarz am Zug

Kanko – Salo
Helsinki 1959

98 Weiß am Zug

Katalymow – Mnazakanjan
UdSSR 1959

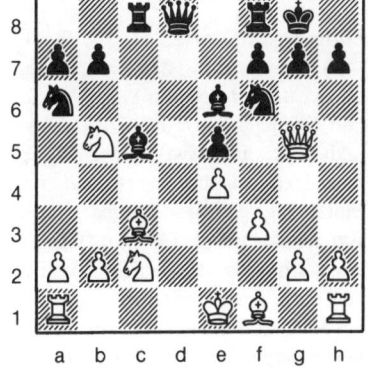

99 Schwarz am Zug

Forintos – Bilek
Balatonfüred 1958

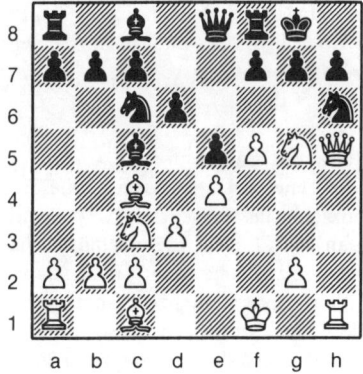

100 Weiß am Zug

Neumann – Dufresne
Berlin 1863

„Winkelried(e)"

In der Schlacht bei Sempach (9. Juli 1386) schlug ein Schweizer Bauernheer die Österreicher unter Herzog Leopold III. Als die Phalanx des schwer gepanzerten Ritterheers für die anstürmenden Bauern unüberwindlich war, riß der Bauer Arnold Winkelried aus Unterwalden mehrere Lanzen an sich und öffnete damit den Schweizern die entscheidende Bresche zum Sieg. Der Name Winkelried wurde zur Legende. Im Schach wird eine Figur, die die gegnerische Abwehr aufreißt, indem sie sich opfert, als „Winkelried" bezeichnet. Dazu vier Beispiele mit Dame, Turm, Läufer und Springer.

Die Dame

97 Wer sich schwertut mit dem Erkennen von Mattbildern, wird etwas länger brauchen, den einen einzigen Zug zu finden, der Matt erzwingt. Nach 1. . . .Df3! gab Schwarz auf. Es droht a) nach 2.gxf3 Txg1† 3.Kh2 Tg8g2#, und b) auf einen indifferenten Zug von Weiß einfach 2. . . .Txh3#.

Turm und Läufer

98 Hier schlagen zwei weiße Figuren in die Bresche: 1.Td7! (droht Dxg7#) 1. . . .Lxd7 (schlägt die schwarze Dame den Turm, dann gibt es zwar kein Matt, aber materiell wäre Schwarz dann so unterlegen, daß sich das Weiterspielen nicht mehr lohnen würde. Es gibt allerdings Spieler, denen es Spaß macht, Pointen zu zerstören, indem sie einfach Material geben, um noch etwas weiterleben zu können) 2.Lh6! (der zweite Winkelried dieser Partie). Schwarz gab auf nach dieser überraschenden Pointe des Turmopfers, denn nach 2. . . .Txh6 folgt 3.Df8 #; auf 2. . . .gxh6 kommt 3.Dxf6†, und Matt in zwei Zügen; der Deckungszug 2. . . .Tg6 wird mit 3.Df8 beantwortet; und wenn Schwarz beliebig zieht, kommt 3.Dxg7# zum Tragen.

Läufer und Springer

99 Natürlich könnte man jede Figur, die sich opfert, als „Winkelried" bezeichnen, auch wenn sie, wie hier Läufer und Springer, gemeinsam „nur" für zum Sieg ausreichenden materiellen Vorteil sorgen. Nach 1. . . .Lf2†! 2.Kxf2 (er konnte sich mit 2.Ke2 noch „zieren", müßte aber nach 2. . . .Lc4† doch auf f2 schlagen) 2. . . .Sxe4† (das zweite Opfer demaskiert den Angriff auf die weiße Dame), und Weiß gab auf (3.fxe4 Dxg5).

Springer und Dame

100 Schöne und schnelle Entscheidung durch das Opfer von Springer und Dame: 1.Sxh7! Kxh7 2.Lxh6 g6 (gxh6 3.Dxh6† usw.) 3.Dxg6†! (der zweite „Winkelried" erzwingt das Matt, falsch wäre 3.fxg6† wegen fxg6†, und Schwarz gewinnt) 3. . . . fxg6 4.Lxf8 #. Man sieht, wie an vielen der in diesem Buch gesammelten Partiestellungen, auch an diesem Beispiel, daß die taktischen Motive in viele Schubladen passen. Diese Stellung könnte auch im Kapitel „Damenopfer" untergebracht werden, oder in „Rochadestellung erstürmt!"

Begründung: Grundlinie

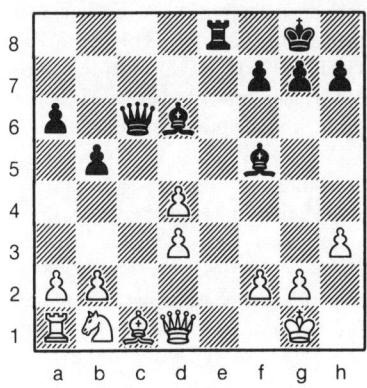

101

Schwarz am Zug

Safvat – Zwaig
Olympiade Varna 1962

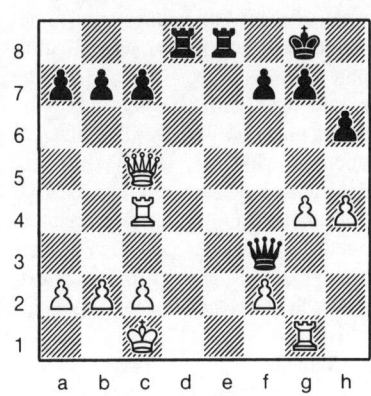

102

Weiß zog Df5

Gligoric – Porat
Olympiade
Amsterdam 1954

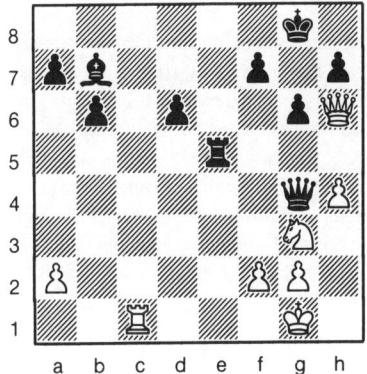

103

Weiß zog Tc7

Mädler – Uhlmann
Aschersleben 1963

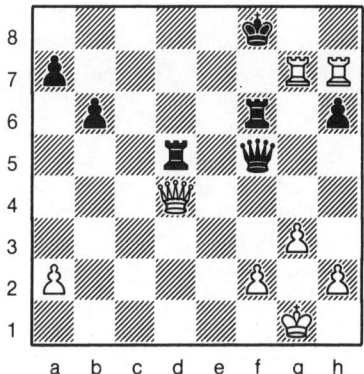

104

Weiß am Zug

Szabo – Dückstein
Wageningen 1957

Begründung: Grundlinie

Jeder Spieler hat mindestens einmal schon verloren, weil er seine Grundlinie (1. Reihe bei Weiß, 8. Reihe bei Schwarz) nicht geschützt hatte. Nicht umsonst wird in allen Schachbüchern gewarnt, die Verbindung der beiden Türme auf der Grundlinie nicht unnötig zu unterbrechen. Nicht umsonst schaffen sich viele Spieler schon sehr früh ein „Luftloch" in der Rochadestellung.

Drohung

101 Man fragt sich unwillkürlich, was wohl der iranische Olympiateilnehmer Safvat in dieser Partie getan hat. Die zwei Mehrbauern von Weiß sind nicht die geringste Kompensation für solchen Entwicklungsrückstand. Die weiße Dame allein verhindert das drohende Grundlinienmatt, denn das Luftloch h2 ist wertlos, weil der gestrenge Zerberus Ld6 den Ausgang verbietet. Schwarz gewann mühelos durch die Schwäche der weißen Grundlinie: 1. ...Dc2 (sie ist gedeckt dadurch, daß Wächter Dd1 sich nicht ablenken lassen darf) 2.Dd2 (Df1, Lxd3) 2. ...Te2, und Weiß gab auf, denn er verliert Haus und Hof.

Vergessen

102 Der langjährige jugoslawische Vorkämpfer Gligoric zog hier 1.Df5?, um nach dem Damentausch (1. ...Dxf5 2.gxf5) sowohl Txc7 wie f6 zu drohen. Aber bei diesen freundlichen Überlegungen hatte er ganz die Sorgen seiner Grundlinie vergessen. Deshalb mußte er nach dem instruktiven 1. ...Dg2! sofort aufgeben. (2.Txg2 Te1#) 2.Td1 Txd1† 3.Kxd1 Df1†, und dem weißen König macht das Spiel sicher keine Freude mehr.

Starthilfe

103 Beide Spieler haben ein „Luftloch". Das von Schwarz ist im Moment wertlos. Als Weiß 1.Tc7? zog, um vielleicht selbst (z. B. La6 2.Txa7) zum Blattschuß zu kommen, gab er arglos seine Grundlinie für ein nur scheinbar ungefährliches Grundlinienschach frei. 1. ...Te1† wurde zur Starthilfe für eine gar nicht so seltene Kombination: 2.Kh2 Th1†! 3.Kxh1 (Sxh1 Dxg2#) 3. ...Dh3† 4.Kg1 Dxg2#.

Schnell und schön

104 Scheinbar hat Schwarz alles gedeckt. Die weiße Gewinnkombination, die auf der Schwäche der schwarzen Grundlinie aufbaut, ist elegant wie eine Studie, schön wie ein Problem. Mit drei Zügen wird Schwarz ausgespielt: 1.Txa7 (wegen Ta8# ist die weiße Dame tabu) 1. ...Kg8 2.Thg7† Kf8 3.Tgf7†, und Schwarz gab auf wegen a) 3. ...Txf7 4.Dh8#, bzw. b) 3. ...Kg8 4.Dxf6. Falls nach 1.Txa7 Kg8 2.Thg7† Kh8, so 3.Tgf7 Txd4 4.Ta8#.

Vier Zeitzünder...

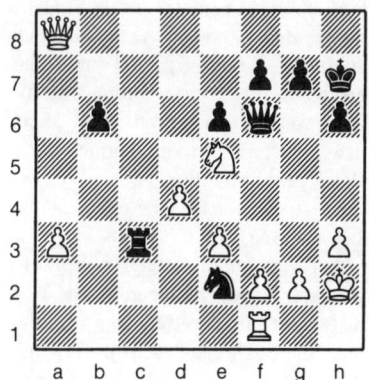

105 Weiß am Zug

Newman – Wood
London 1946

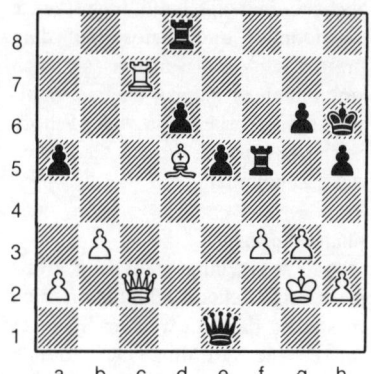

106 Schwarz am Zug

Geller – Cuellar
Interzonenturnier
Stockholm 1962

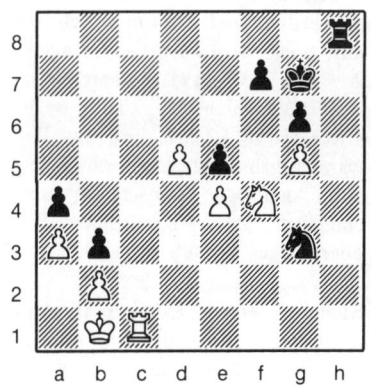

107 Weiß am Zug

Szabo – Dozsa
Ungarische
Meisterschaft 1962

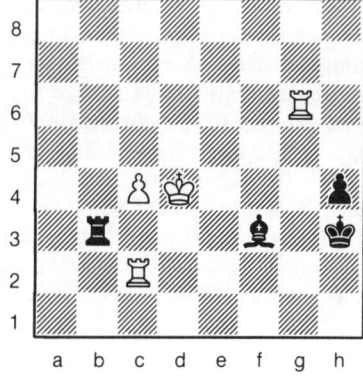

108 Schwarz am Zug

Owessen – Clausen
Malmö 1932

Vier Zeitzünder ...

Nicht immer erscheint eine Pointe mit Donner und Getöse auf dem Brett. Sehr oft verbirgt sie sich hinter einigen Zügen, ehe sie, deutlich herausgearbeitet, in voller Schönheit erscheint. Zu diesem Gedanken vier „Zeitzünder".

Kluger Springer

|105| Nur scheinbar steht der schwarze König sicher. Man kann sich vorstellen, daß mit weißem Springer auf e7 die Drohung Dg8 tödlich sein würde. Aber wie kommt das Pferd nach e7? Es macht einfach einen kleinen Umweg: 1.Sd7 Df5 (nicht De7 wegen 2.Sf8† Kg8 3.Sg6†, und die schwarze Dame fällt dem Roß zum Opfer) 2.Sf8† Kg8 3.Sg6† Kh7 4.Se7! Es ist geschafft, das kluge Pferd wiehert stolz!

Zauberkunststück

|106| Schwarz hat die Qualität mehr, aber wie sollen seine schwerfälligen Türme in die weiße Stellung eindringen? Auf instruktive Art wird der Weg für Td8 freigekämpft: 1....e4! 2.Lxe4 (fxe4 Tf2† oder Dxe4 Dd2† nebst Dxd5 oder Txd5) 2....Tc5! (die Pointe von e4) 3.Txc5 (erzwungen) dxc5, und das Zauberkunststück ist gelungen! Es folgte noch: 4.Dxc5 Td2† 5.Kh3 Df1† 6.Kh4 Txh2#.

Bahn frei!

|107| Sicher war 1.Se6† schon von langer Hand vorbereitet. Ohne dieses Springeropfer würde es für Weiß nicht gut aussehen, da ja Sf4 und Be4 angegriffen sind. Nach 1.... fxe6 2.Tc7† Kg8 (er muß auf die letzte Reihe und den Turmtausch zulassen) 3.Tc8† Kg7 4.Txh8 Kxh8 erscheint die Pointe: Bahn frei für den weißen d-Bauern! Mit 5.d6 usw. läuft er „in die Dame", und Weiß gewinnt mühelos.

Die Rettung

|108| Wenn man gezeigt bekommt, wie sich Schwarz, der glatt auf Verlust steht, hier rettet, dann findet man die Sache gar nicht aufregend. Aber wenn man sich vorstellt, man säße hinter den schwarzen Steinen und suchte verzweifelt nach einer noch so kleinen Chance, dann ist man dankbar für die Pointe: 1. ... Le4! Man sieht, daß der schwarze König patt steht, aber noch immer sind zwei bewegliche schwarze Figuren auf dem Brett. Weiß muß 2.Kxe4 schlagen, da seine beiden Türme angegriffen sind. Nun muß Schwarz nur noch den Turm „anbringen": 2. ... Te3† 3.Kd5 (Kxe3 patt) 3. ... Te5†! (aber nicht 3. ... Td3† wegen 4.Kc6 Td6† 5.Txd6, und das Patt wäre aufgehoben!). Der weiße König kann sich den Turmschachs nicht entziehen, also remis (durch Patt oder ewiges Schach).

*

Steht der eigene König patt, dann stellt sich die Aufgabe, unseren letzten Stein — meist ist es ein Turm (eine Dame bringt man leichter „los"!) — zu opfern. Vorsicht! Es besteht die Gefahr, daß der gegnerische König auf ein Feld läuft, das die Auflösung der Pattstellung ermöglicht!

Ahnungslos? Mißtrauisch!

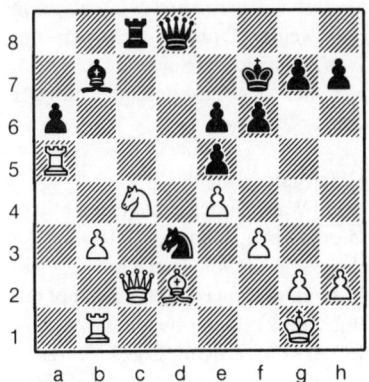

109 Weiß zog Td1

Dr. Nunn – Lematschko
Lugano 1984

110 Weiß zog Dg3

Flad – Hallbauer
Berlin 1957

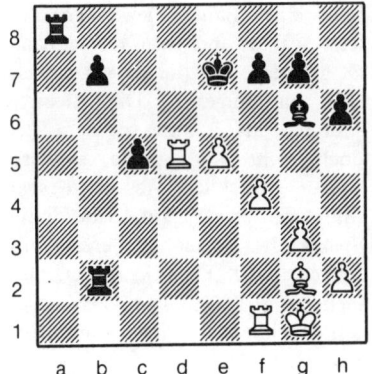

111 Weiß am Zug

Bronstein – Polugajewski
XXV. UdSSR-
Meisterschaft

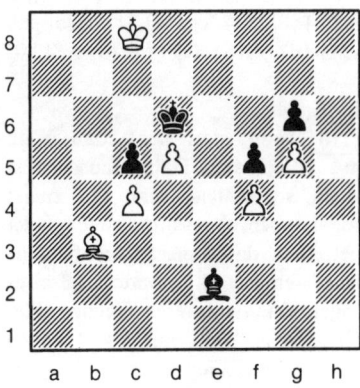

112 Weiß am Zug

Darga – Spasski
Olympiade Lugano 1968

Ahnungslos? Mißtrauisch!

In manchen Stellungen ist man völlig ahnungslos und findet sich plötzlich „auf der Verliererstraße". In anderen Partien dagegen ist man sensibel bis in die Haarspitzen und voller Mißtrauen selbst gegen die unverdächtigsten Züge des Gegners. Ich stelle Ihnen zwei ahnungslose und zwei mißtrauische Meister vor.

Erstickt!

|109| Kein Mensch, am wenigsten ein Schachspieler, würde sich dafür interessieren, daß Weiß hier dem berüchtigten „erstickten Matt" zum Opfer fällt, würde nicht der starke Großmeister Dr. Nunn aus England der Leidtragende gewesen sein. Die in die Schweiz emigrierte bulgarische Großmeisterin Lematschko ließ sich nicht zweimal bitten: 1.Td1?? Txc4 (beseitigt den Wächter von e3), und Weiß gab auf. 2.bxc4 Dd4† 3.Kh1 Sf2† 4.Kg1 Sh3†† (Doppelschach!) 5.Kh1 Dg1† 6.Txg1 Sf2#.

Lösegeld

|110| Wenn man sieht, daß Weiß mit 1.Dg3 dem Damentausch auswich, so möchte man ihn zuerst sogar loben, denn allzu viele Spieler betreiben das Tauschgeschäft ohne jede Hemmung, besonders wenn es gegen einen stärkeren Gegner geht. Hier hätte Weiß mit Dxd8† noch den vollen Gegenwert für seine Dame bekommen, aber nach 1.Dg3?? rettete sich „Madame Weiß" nur durch Zahlung eines Lösegeldes (Figurenverlust). Nach 1.Dg3 Lf6 drohte Damenverlust, der auch durch die lange Rochade nicht verhindert worden wäre. Also zog sich die weiße Donna verärgert mit 2.Df2 zurück. Nach 2. . . .Lxh3! bezahlte der unschuldige Springer das Lösegeld . . .

Hinterhalt

|111| Was hindert mich eigentlich, f5 zu ziehen, überlegte Großmeister Bronstein (1951 erreichte er ein 12:12 im Weltmeisterschaftskampf mit Botwinnik). Dann fiel der Groschen: 1.f5 Lxf5! 2.Txf5 Txg2† (entzieht Td5 die Deckung) 3.Kxg2 Ke6! Beide weiße Türme sind angegriffen, nur einer kann sich retten. Schwarz gewinnt bei gutem Spiel das geopferte Material zurück.

Patt-Variante

|112| Unser Großmeister hatte gegen Spasski (der ein Jahr später Weltmeister wurde) durch gutes Spiel einen Bauern gewonnen. Zuletzt war er mit dem König nach c8 gelaufen, um die schwarze Stellung zu umgehen. Die Kiebitze staunten, als er kurz vor dem Ziel doch nicht Kd8 spielte, sondern wieder zurücklief. Was hatte sein Mißtrauen erregt? Auf 1.Kd8? hatte Spasski 1. . . .Lxc4! vorbereitet mit 2.Lxc4 patt! Ein Genieblitz, der nicht zum Tragen kam. Darga gewann schließlich dieses schwierige Endspiel!

Ein göttlicher Funke

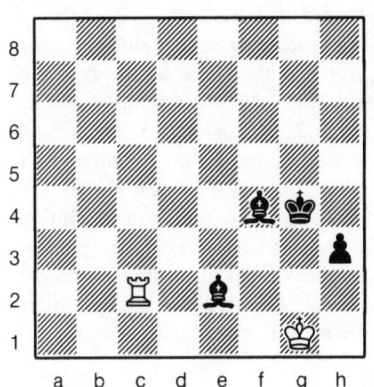

113 Schwarz am Zug

Ciocaltea – Pachman
Prag 1954

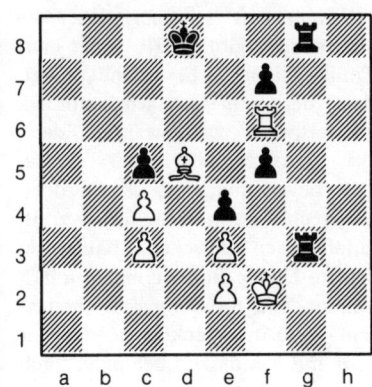

114 Schwarz zog Tg1

Perez – Ivkov
Havanna 1962

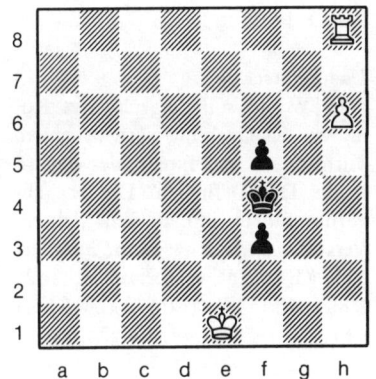

115 Schwarz am Zug

Snosko-Borowsky – Salwe
St. Petersburg 1914

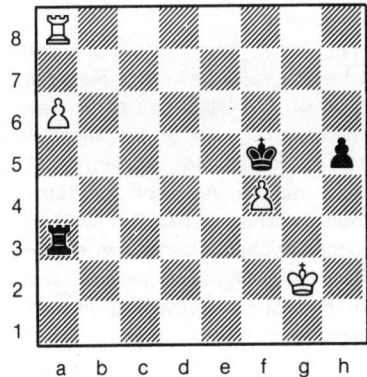

116 Schwarz am Zug

Kluger – Sandor
Ungarische
Meisterschaft 1955

Ein göttlicher Funke

Ich weiß, daß es immer wieder Bestrebungen gibt, Patt nicht mit Punkteteilung zu bewerten, sondern dem, der pattgesetzt wird, nur ein Viertelspunkt zu gewähren, dem, der pattsetzt aber drei Viertel. Die Begründung ist, es sei doch ungerecht, wenn ein Spieler z. B. zufällig den „falschen" Läufer zu seinem letzten Bauern, einem Randbauern, hat, mit Remis zu „bestrafen", seinen glücklichen Gegner aber mit Remis zu „belohnen". Ich liebe das Patt, es ist ebenso wie das Matt ein göttlicher Funke in unserem schönen Spiel. Wie leer wäre das Schachspiel, wenn immer nur der blanke Materialismus entscheiden dürfte über Sieg und Niederlage.

Ungeduldig

<u>113</u> Jeder Spieler kennt das seltsame Prickeln, wenn der Sieg ganz nahe ist. Oft wird man dabei ungeduldig, weil man es gar nicht erwarten kann, den vollen Punkt nicht nur in Aussicht zu haben, sondern schon in der Turniertabelle festgeschrieben. Das mögen die Gefühle von Schwarz gewesen sein, als er eine Gewinnstellung erreicht hatte. Ungeduldig zog er 1. . . .h2†? — und schon war der Sieg verschwunden! 2.Kh1 Lf3† 3.Tg2† remis, denn Weiß kann das Patt (nach irgendeinem Königszug) nicht mehr aufheben und nach 3. . . . Lxg2† 4.Kxg2 hat er den „falschen" Läufer. Ungerechte Punkteteilung . . ?

Contra und Re!

<u>114</u> Schwarz begann mit 1. . . .Tg1 und drohte damit Matt, das Weiß nur mit 2.Lxe4 verhindern konnte. Nach 2. . . .fxe4 stand immer noch das Matt im Raum. Contra! Aber Weiß hatte Re in der Hand! Das Patt-Treiben endete nach 3.Td6† Ke7 4.Te6† Kf8 5.Te8† Kg7 6.Txg8† Kxg8 7.Kxg1 im Bauernendspiel remis. Der unehrerbietige weiße Turm war wegen patt tabu!

Der Unterschied

<u>115</u> Schwarz zog siegesbewußt 1. . . . Ta2 und ließ damit nach 2.h7 f2† 3.Kf1 Kf3 den Pattwitz 4.Ta8! zu, dem nach Txa8 der zweite Pattwitz folgte: 5.h8D! (deckt das Feld a1) Txh8 (erzwungen) patt! Der feine Unterschied: Mit 1. . . .Tb2! (statt Ta2) funktioniert der weiße Pattwitz nicht, weil nach 2.Tb8 Txb8 3.h8D Tb1 # folgt.

Das Versteck

<u>116</u> Wohin soll der schwarze König vor der Drohung a7 (nebst einem Turmschach und Einzug des Bauern in die Dame) fliehen? Die Schachgöttin führte ihn in ein sicheres Versteck: 1. . . .Kg4! (Kf6? 2.a7 Kg7 3.f5 Kh7 4.f6! verliert) 2.a7 Ta2† 3.Kg1 Kf3 4.Kh1 (f5 Tg2† 5.Kh1 Tg7) 4. . . .h4! 5.f5 Kg3 6.Tg8† Kh3! 7.Kg1 (a8D Ta1† 8.Dxa1 patt!) 7. . . .Tg2† 8.Txg2 patt!

K.o.-Züge. Bitte Beifall!

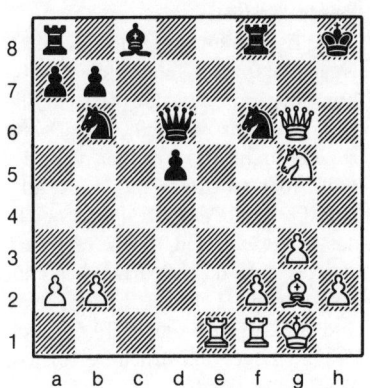

117 Weiß am Zug

Rojahn – Petersen
Norwegen 1957

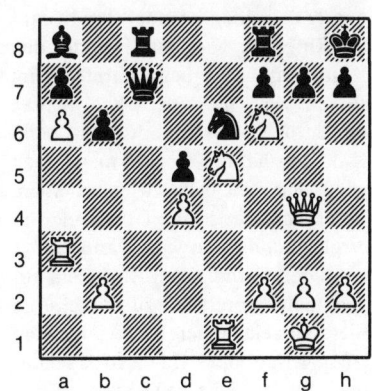

118 Weiß am Zug

Rossolimo – Reissmann
Puerto Rico 1967

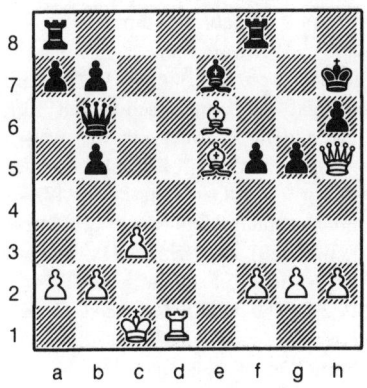

119 Weiß am Zug

Stancia – Ciocaltea
Bukarest 1957

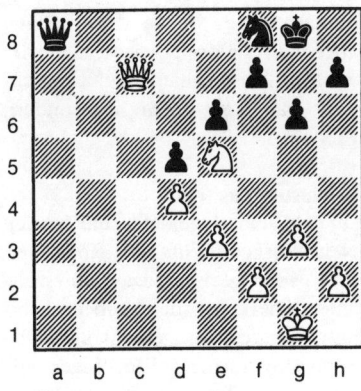

120 Schwarz am Zug

Lein – Nej
UdSSR-Meisterschaft 1967

K.o.-Züge. Bitte Beifall!

Ein K.o.-Schlag beendet den Kampf im Ring, ein K.o.-Zug beendet den Kampf auf dem Schachbrett. Beim Boxen wird nach dem K.o.-Schlag noch bis 7-8-9-Aus gezählt, beim K.o.-Zug hat der Gegner meist noch genügend Zeit, sich zu entscheiden, ob er sich mattsetzen lassen oder ob er gleich aufgeben will. Dann gibt es noch den Technischen K.o., dem auf dem Schachbrett ein zu mühelosem Sieg ausreichender Materialgewinn entspricht oder ein erdrückendes positionelles Übergewicht.

Überlastet ...

117 ... waren nach dem weißen K.o.-Zug 1.Te8! der schwarze Sf6, der das Mattfeld h7 bewachen und der schwarze Tf8, der Sf7♯ verhindern muß, durch den Textzug aber nun gefesselt wurde. Schwarz wartete „das Zählen des Ringrichters" gar nicht mehr ab, sondern gab auf.

Schönster Zug 1967

118 Niemand neidete dem braven New Yorker Taxifahrer Rossolimo (der gebürtige Franzose mußte zeitlebens hart für den Lebensunterhalt arbeiten) die ehrenvolle Auszeichnung seines K.o.-Zuges als „schönster Zug des Jahres 1967": 1.Dg6!! Schwarz gab auf. Die Gründe: 1. ... hxg6 2.Th3♯. 1. ... fxg6 2.Sxg6† hxg6 3.Th3♯. 1. ... Sg5 2.Dxg5 bei fortschreitendem Angriff. 1. ... beliebig. 2.Dxh7♯.

Pointe zerstört

119 Es kommt vor, daß ein durch einen Glanzzug oder eine Glanzkombination des Gegners verärgerter Spieler versucht, die Pointe zu zerstören. Das war hier nicht der Fall, aber trotzdem war es schade, daß die Pointe des Turmopfers nicht das Brett betreten durfte. Schwarz spielte auf den Sperrzug 1.Td6! nüchtern 1. ... Dxd6 2.Lxd6 Lxd6 und wehrte sich nach 3.Lf7 noch einige Züge, natürlich erfolglos. Was hatte Weiß auf 1.Td6 Lxd6 vorbereitet? Den unglaublichen (K.-o.-) Zug 2.Lg8†!, der stracks zum Matt führt: 2. ... Kxg8 2.Dg6♯ (was möglich ist, da das weiße Turmopfer die schwarze Dame aussperrte) oder 2. ... Txg8 3.Df7† Tg7 4.Dxg7♯.

Entschuldigung ...

120 ... daß Sie durch die Angabe „Schwarz am Zug" verunsichert werden konnten. In der Partie gab es keinen schwarzen Zug mehr, denn Schwarz gab auf: Wegen Technischem K.o.! I. Deckt Schwarz durch 1. ... De8 den Punkt f7, so muß er nach 2.Sg4 (droht Sf6 Familienschach) 2. ... Sd7 3.Dxd7 Dxd7 4.Sf6† nebst 5.Sxd7 aufgeben. II 1. ... f5 2.Df7† Kh8 3.Sc6! Dxc6 4.Dxf8♯ oder 3. ... h5 4.Se7 mit der Drohung Dg8♯ bzw. nach einem Zug des schwarzen Springers Sxg6♯.

Sehr selten: Unterverwandlung

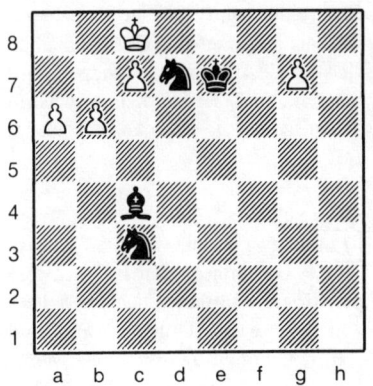

121 Weiß erzwingt remis

J. Rusink 1. Preis
„New Statesman" 1972

122 Weiß am Zug

Tallantyre – Liddel
Newcastle 1893

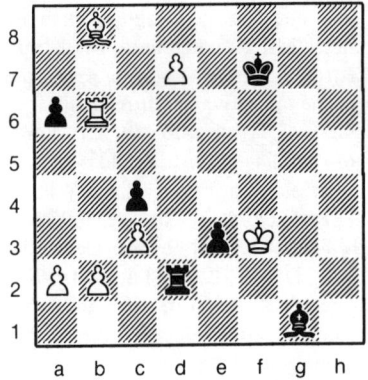

123 Schwarz zog e3-e2

Donnelly – Lewis
Südafrika 1965

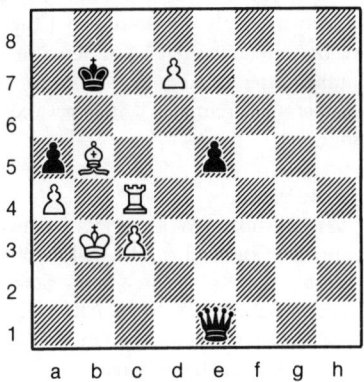

124 Weiß am Zug

Karpow – Timman
Brüssel 1986

Sehr selten: Unterverwandlung

Als ich vor sechzig Jahren von meinem Onkel Karl in die Geheimnisse des königlichen Spiels eingeweiht wurde, bleute er mir eine heute seltsam anmutende Regel ein: Ein auf die gegnerische Grundlinie vorgedrungener Bauer durfte nur in eine bereits geschlagene Figur umgewandelt werden. Wer noch keinen „Offizier" verloren hatte, der hatte eben Pech, und sein Bauer mußte auf der siebenten (oder zweiten) Linie warten, bis einer der Herren Offiziere geschlagen wurde ...
In Problemen und Studien kommt die Unterverwandlung sehr häufig vor. In der Partie dagegen wählt sich jeder Spieler bei der Umwandlung natürlich eine (neue, bzw. zusätzliche) Dame.
In der Schachliteratur gibt es nur wenige Partien mit Unterverwandlung. Sie geschieht, entweder um Patt zu verhüten oder um mit einem Springerschach die Initiative (Zugrecht) zu behalten. Zur Einstimmung zuerst eine der schönsten Studien: Dreimal Unterverwandlung!

Große Kunst

|121| Rusinks Weg zum Unentschieden: 1.a7 La6† 2.b7 Se4 (droht Sd6 #) 3.g8S† Ke8 4.Sf6† Sexf6 5.a8L! Se5 6.Kb8 Sc6† 7.Kc8 Lf1 8.b8T! (b8D? La6† 9.Db7 Se4!) 8....La6† 9.Tb7 Se4 patt.

Anno 1893

|122| Die älteste Partie, die ich zum Thema Unterverwandlung fand: Nach 1.Txe5 (Verteidiger des späteren Mattfeldes wird vorsorglich beseitigt) 1....dxe5 2.Tf8† Txf8 3.Lc4† Kg7 4.e8 (wird Springer, gibt Schach, und lenkt den schwarzen Turm von f7 ab) 4....Txe8 5.Df7 #.

Ganz selten

|123| Mit 1....e2 wollte Schwarz — da Tb6 angegriffen ist — 2.d8D provozieren, um nach dem Zwischenzug 2....e1S† (Unterverwandlung) 3.K beliebig Txd8 mit einer Mehrfigur den Sieg ansteuern. Aber Weiß hatte interessanterweise auch die Waffe der Unterverwandlung zur Verfügung: (1....e2) 2.d8S† Ke7 (Txd8 3.Tb7† und Kxe2. Weiß steht besser) 3.Te6† Kxd8 4.Txe2 Txe2 5.Kxe2, und die Partie wurde schließlich remis.

Schach ist älter!

|124| Weiß steht auf Matt — aber eine alte Weisheit sagt: Schach ist älter! Mit 87.d8S† hatte Weiß nun Turm und zwei Figuren gegen die Dame und gewann lehrreich: 87....Ka7 88.Tc7† Kb8 89.Td7 Db1† 90.Kc4 Df1† 91.Kd5 Df3† 92.Kd6 Df8† 93.Ke6 Dh6† 94.Kxe5 De3† 95.Kd6 Df4† 96.Kc5 De3† 97.Kc4 Kc8 98.Sf7 De4† 99.Kc5 De3† 100.Kc6 Dxc3† 101. Kb6 De3† 102. Ka6 De6† 103.Sd6† Kb8 105.Tc8†, und Schwarz gab auf. Ein vielbewunderter Sieg!

Pleiten

Das Wort Pleite kommt aus dem Hebräischen und bedeutete ursprünglich „rettende Flucht". Was ja in der Wirtschaft oft genug zutrifft: Da rettete sich schon so mancher „in die Pleite", in betrügerischen Konkurs. Im Schach kann man durch einen Fehler des Gegners gewinnen, was niemand als Pleite bezeichnet (ausgenommen der Gegner). Verliert man durch einen eigenen schweren Fehler, so darf man berechtigt von einer Pleite sprechen. Das subjektive Moment ist also entscheidend. Die folgenden Beispiele versuchen, einen Überblick darüber zu geben, wie es zu den Pleiten auf dem Schachbrett kommt. Pleite, im Lexikon auch als „Zahlungseinstellung" bezeichnet, paßt in diesem Bild nicht genau auf das Schachspiel. Denn in vielen Fällen hätte der Bankrotteur bestimmt noch einige Zahlungsmittel bereit, die er aber nicht sofort flüssig machen kann, weil sein König mattgesetzt wurde. Nach Matt sind auch gute Konten (mehr Material) nichts wert! Die populäre Bezeichnung „Pleitegeier" für einen Zahlungsunfähigen ist übrigens keine Beleidigung für die Geier genannten Vögel, sondern eine Verballhornung der Bezeichnung „Pleitegeher".

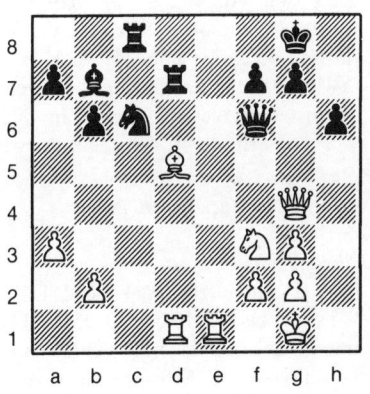

125 Schwarz am Zug

G. Kasparow –
A. Karpow
WM-Kampf
Moskau 1985
11. Partie

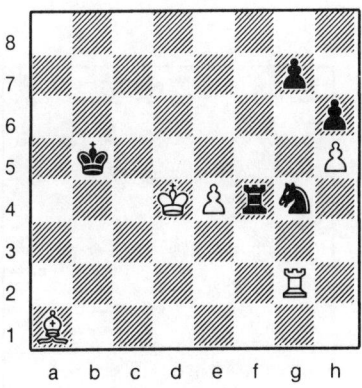

126 Weiß am Zug

Dr. R. Hübner –
Kortschnoi
Kandidatenfinale
1980/81, 7. Partie

Abzählen!

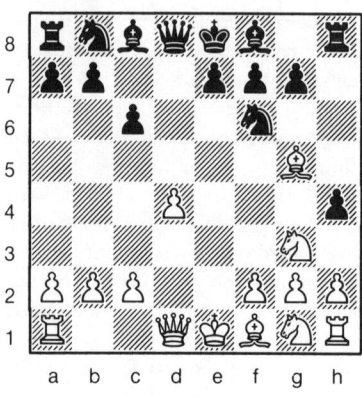

127 Weiß am Zug

Schuster – Carls
Bremen 1914

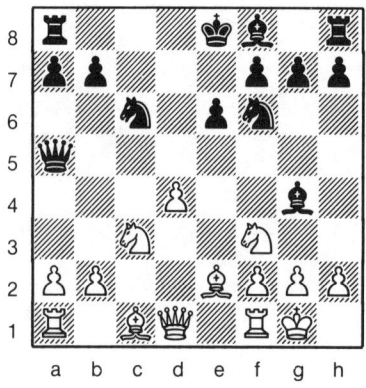

128 Weiß am Zug

*Dr. Perlis –
Dr. Tartakower*
Ostende 1907

(Zu den Diagrammen Seite 73)

Titelverlust

125 Weltmeister Karpow deckte den Td7 mit 2....Tcd8??. Es war der schwerste Fehler seiner Laufbahn! Nach 23.Dxd7! Txd7 24.Te8† Kh7 25.Le4† gab Schwarz auf (25....g6 26.Txd7). Der Verlust dieser 11. Partie bedeutet das 2:2 im WM-Kampf. Die verlorene Führung entnervte Karpow so, daß er weitere zwei Partien und dann mit 3:4 bei 17 Remis seinen 1975 gewonnenen Weltmeistertitel verlor.

Immer wieder...

126 ... muß, wenn von den größten Pleiten der Schachgeschichte gesprochen wird, dieses Diagramm gezeigt werden. Auch Dr. Hübner führte 2:1 wie oben Karpow, verlor durch den Riesenbock 63.Kd5?? Se3† 64.Ke5 Sxg2 einen ganzen Turm. Von diesem Verlust in der 7. Partie erholte er sich nicht mehr.

(Zu den Diagrammen links)

Abzählen I

127 Nach 7.Lxf6 hxg3 8.Le5 Txh2 9.Txh2 Da5† 10.c3 Dxe5†! 11.dxe5 gxh2 12.Sf3 h1D wurde abgezählt — und Schwarz hatte eine Figur mehr!

Abzählen II

128 Nach 1.Se5 Lxe2 2.Sxc6? (nach Sxe2 nur Bauernverlust) 2....Dxc3 3.Dxe2 Dxc6 wurde abgezählt — und Schwarz hatte eine Figur mehr! Deshalb: Immer abzählen!

„Nur" Materialverlust...

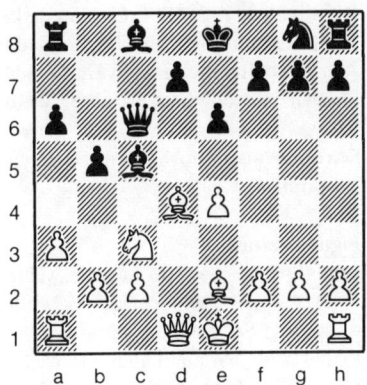

129 Schwarz zog 1....f6

Bronstein – Taimanow
UdSSR-Meister-
schaft 1963

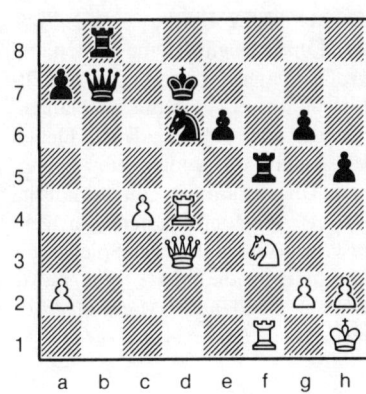

130 Schwarz zog 1....Dc6

Wolk – de Carbonnel
Fürth 1957

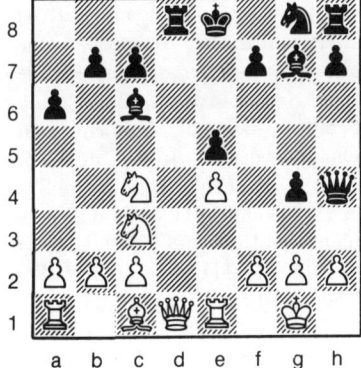

131 Weiß zog 1.Sd5

Kortschnoi – Portisch
Bewerwijk 1968

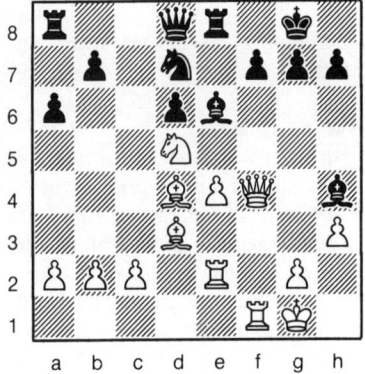

132 Schwarz zog 1....Sc5

W. Hartmann – Darga
Bundesliga 1985/86

„Nur" Materialverlust . . .

Es gibt kleine Konkurse und große Konkurse. Es gibt kleine Pleiten und große Pleiten. Hier werden verhältnismäßig (im Verhältnis zu Damenverlust oder Matt) kleine Pleiten vorgestellt, in denen ein Fehler, eine Unachtsamkeit „nur" Material kostet. Aber bei der heutigen technischen Ausbildung der Spieler (bis hinunter in die vierte und fünfte Klasse!) bedeutet Materialverlust meist auch Partieverlust!

Nur ein Bauer?

129 In vielen Stellungen genügt schon der Verlust eines einzigen Bauern, um auch die Partie zu verlieren. Großmeister Taimanow mißfiel der Läufertausch auf d4, und deshalb schützte er den angegriffenen Bauern g7 mit 1. . . .f6?. Damit verlor er zwar nicht g7, wohl aber nach 2.Lxb5 axb5 3.Dh5† g6 4. Dxc5 den b-Bauern, hatte danach auch noch eine schlechte Stellung (b5 hängt). Weiß gewann ohne Mühe.

Nur die Qualität?

130 Den Wertunterschied zwischen Turm und Läufer/Springer nennt man eine „Qualität". Sicher gibt es Stellungen, wo ein Springer oder ein Läufer sich gegen einen Turm behauptet, ja der materielle Nachteil bei Angriffsaktionen sogar einen Vorteil bedeutet. Aber im allgemeinen endet doch der Verlust eines Turms gegen eine Figur (Läufer/Springer) mit Partieverlust. Nach 1. . . .Dc6? beseitigte Weiß mit 2. Dxf5 den Wächter des Feldes e5, auf dem nach 2. . . .exf5 oder gxf5 3.Se5 Familienschach folgte. Nach 3. . . .K beliebig 4.Sxc6 waren beide Damen verschwunden, aber Weiß hatte für die seine einen Turm, Schwarz aber nur einen Springer bekommen.

Figurenverlust

131 Der freche Td8 hat die weiße Dame „angepöbelt", und Sc3 beeilt sich, mit 1.Sd5? seinen Schild vor die Königin zu halten. Doch die weiße Dame hätte lieber auf solchen Schild verzichtet, denn nach 1. . . .Lxd5 2.exd5 g3! (droht Dxh2#) 3.hxg3 Dxc4 hatte Schwarz plötzlich eine Figur mehr, dank der Demaskierung der vierten Reihe durch das Bauernopfer g3. So leicht kann man also eine ganze Figur verlieren!

Zusammenbruch

132 Mit 1. . . .Sc5? deckte Großmeister Darga den angegriffenen Bauern d6, aber danach brachen alle Dämme der schwarzen Stellung. Nach 2.Lxc5 dxc5 3.Sc7! wollte Schwarz, dem im Moment „nur" Qualitätsverlust droht, noch im Trüben fischen. 3. . . .c4 4.Sxe8 cxd3 5.cxd3 Dxd3 (falls Dxe8, so 6.Dxh4. Und auf 5. . . .Lg5 6. Dg3 Le7? 7.Dxg7#) 6.Td2 Dg3 7.Sc7, und Schwarz gab auf. (7. . . . Dxf4 8.Txf4 Lg5 9.Sxa8 Lxf4 10. Td8#. Falls 7. . . .Tc8, 8.Sxe6.) Der Bamberger Spitzenspieler W. Hartmann hat übrigens am Gürtel auch den Skalp des damaligen Weltmeisters Anatoli Karpow hängen.

Selbstverständliche Züge

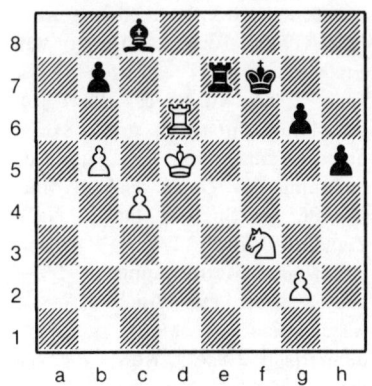

133

Schwarz zog Le6†

Unzicker – Steger
Bad Pyrmont 1949

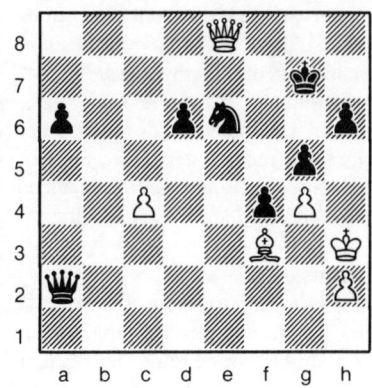

134

Schwarz zog Dxc4

Sliwa – Doda
Stichkampf Lodz 1967

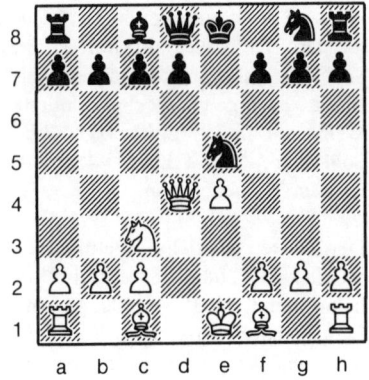

135

Schwarz zog Df6

Réti – Dunkelblum
Wien 1914

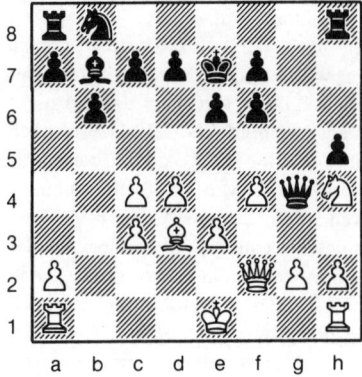

136

Schwarz zog Sc6

Dr. Dyckhoff – Priwonitz
Fernpartie

Selbstverständliche Züge

Hüten Sie sich vor selbstverständlichen Zügen! Seien Sie mißtrauisch, wenn sich Ihnen ein Zug als selbstverständlich, also „von selber" anbietet. Die schwarzen Spieler der vier folgenden Beispiele mußten büßen dafür, daß sie anscheinend selbstverständliche Züge machten.

Blauäugig

|133| An sich verdient 1. ... .Le6†? eine härtere Bezeichnung, aber „blauäugig" beschreibt den Fehler genau und bleibt dabei höflich! Nach 2.Txe6 Txe6 3.Sg5† gab Schwarz kopfschüttelnd auf. Steger gewann 1948 das Aufstiegsturnier zur Deutschen Meisterschaft in Weidenau und spielte zwei Jahrzehnte erfolgreich in der Meistermannschaft des Münchner SK 1836.

Zufrieden . . .

|134| . . . blickte der polnische Meister Doda auf seine Stellung, als er nach 1. . . .Dxc4? drei Bauern mehr auf seinem Konto zählte. Aber nach 2.De7† Kg6 kam das gar nicht selbstverständliche 2.Le4† und nach Dxe4 3.Dg7† K oder Sxg7 war Weiß patt! Man muß aber bemerken, daß Schwarz hier nur Dxc4 spielen konnte, also der Fehler schon früher lag, wo sicher noch eine andere Abwicklung möglich gewesen wäre. Dxc4 war kein Gewinnzug, sondern erzwang das Remis.

Deckt und droht

|135| Mit 1. . . .Df6? deckte Schwarz seinen angegriffenen Springer und drohte gleichzeitig Damengewinn mittels Sf3†. Was kann man von einem Zug mehr erwarten? Aber nach 2.Sb5 wurde der Pferdefuß von Df6 sichtbar: Es droht Sxc7†, und Schwarz kann den Punkt c7 nicht mit der Dame decken, ohne den Se5 im Stich zu lassen. Nach 2. . . .Kd8 und 3.Dc5 — Angriff auf c7 und Mattdrohung auf f8 — gab Schwarz auf. Auch 2. . . .d6 wäre keine „Auskunft" gewesen, denn nach 3.Sxc7† Kd8 4.Dc3 ist der weiße Vorteil ebenso klar wie nach 2. . . .c6 3.Sd6† Kf8 4.Le3 usw. Aber Schwarz konnte dann noch kämpfen . . .

Fern und gut

|136| Diese beiden Eigenschaftswörter kann man auf vielen Lastwagen lesen. Sie werben für die Qualität des Güterverkehrs mit Lkw. Fern und gut war auch die Antwort des berühmten Fernschachmeisters Dr. Dyckhoff auf 1. . . . Sc6? Die selbstverständlich erscheinende Springerentwicklung nützte Weiß mit 2.d5 (Sg6† fxg6 3.h3 Sb4!) 2. . . .Sd8 3.Sg6† fxg6 4. h3 zum Damengewinn!

*

Der erste offizielle Weltmeisterschaftskampf fand 1886 statt. Wilhelm Steinitz (1836 — 1900) gewann 12,5:7,5 gegen Zukertort. Von Steinitz, der viele neue Gedanken zu unserem Spiel beisteuerte, stammt der Satz: „Wenn du den selbstverständlichen Zug gefunden hast, dann suche weiter, bis du den besten gefunden hast!"

Viele Wege zum Verlust

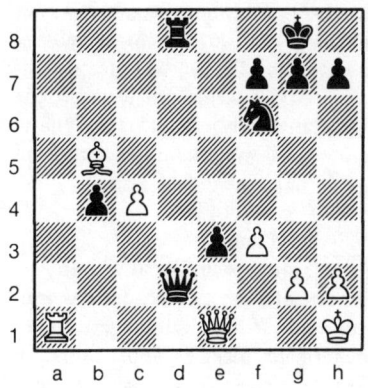

137 Schwarz zog e2

Gresser – Satulowskaja
Kandidatenturnier
der Frauen
Subotica 1967

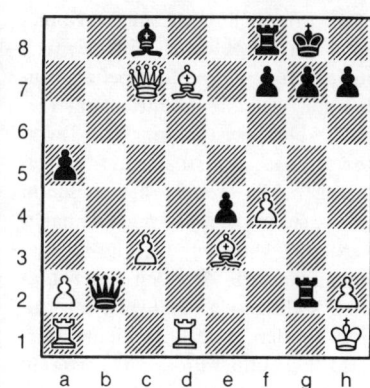

138 Weiß zog Lg1

Cortlever – Albareda
Lugano 1959

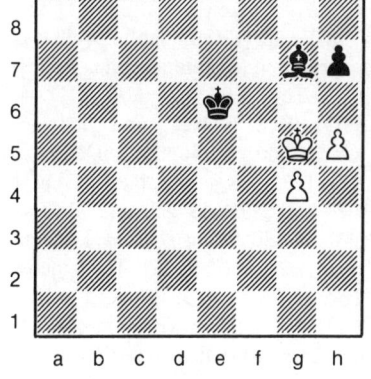

139 Weiß zog 1.h6

Ansorge – R. Hübner
Köln 1960

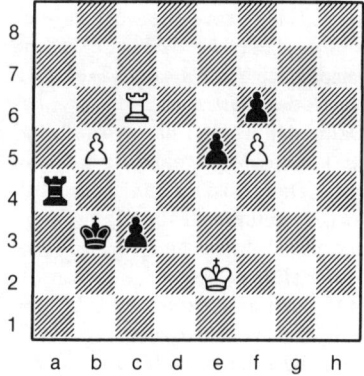

140 Weiß zog 1.Txf6

Jayaraman – Aaron
Indien 1959

Viele Wege zum Verlust

„Alle Wege führen nach Rom", sagt ein Sprichwort. Im Schach dürfen wir es ohne Skrupel abwandeln in „Viele Wege führen zum Verlust". Der geistreiche Dr. Tartakower hat einmal darauf hingewiesen, „alle Fehler liegen schon bereit, sie müssen nur noch gemacht werden!" Und wie fleißig sie gemacht werden! Aus den vielen tausend Fehlern, die jährlich produziert werden, eine klitzekleine Auswahl als Illustration zu „Wo ein Wille ist, ist auch ein Weg — zum Verlust!"

Doppelfehler

[137] Beim Tennis gibt es Doppelfehler, aber die macht ein Spieler (oder eine Spielerin) ganz allein. In diesen Doppelfehler teilten sich beide Damen, die sich im Kandidatenturnier 1967 gegenübersaßen. Sicher, ganz sicher war Zeitnot im Spiel. Nach dem schrecklichen Bock 1. ... .e2?? spielte Weiß 2.c5?? und verlor nach 2. ... .Dxe1 3.Txe1 Td1. Nach der Partie war die „weiße" Dame den Tränen nahe: Auf 1. ... e2 konnte Weiß nämlich mühelos mit 2.Dxd2 Txd2 3.Ta8† „die Mattspritze eintupfen"!

Materialismus

[138] Schwarz droht einfach mit Txh2† usw. mattzusetzen. Weiß kann h2 decken a) durch 1.f5, worauf Schwarz den geopferten Läufer mittels Lxd7 zurückgewinnt, weil die weiße Dame an h2 und der weiße Td1 an den Kollegen auf a1 gebunden ist. Deshalb wählte Weiß b) Lg1? als Deckung von h2. Als er nach 1. ... .Tg6 das Matt auf g2 nicht mehr decken konnte, bedauerte Weiß seine materialistische Einstellung. Nach 1.f5 Lxd7 hätte er noch weiterkämpfen können, nach 1.Lg1 aber war es aus!

Falscher Läufer

[139] Hätte sich Weiß daran erinnert, daß ein Läufer, der das Einzugsfeld seines Randbauern nicht beherrscht, nicht gewinnen, sondern nur pattsetzen kann, wäre er mittels 1.Kf4 oder Kh4 sofort nach dem sicheren Port h1 gewandert. Aber nach 1.h6 (noch kein Fehler) Le5 2.Kh5?? (Kh4 machte remis) gewann der damals 17jährige Robert Hübner mit Hilfe des Zugzwangs: 2. ... . Lg3! 3.g5 Kf5 4.g6 hxg6 #!

Tempo verschenkt

[140] Mancher Spieler ist großzügig im Verschenken von Tempi. Nach dem Fehler 1.Txf6? fehlte Weiß das entscheidende Tempo zum Remis: 1. ... .Tc4 2.b6 c2 3.b7 c1D 4.b8D† Kc2 5.Dxe5, und Schwarz wurde aktiv mit 5. ... .Dd2† 6.Kf3 Tc3† 7.Kg4 Dg2† 8.Kf4 Dg3† 9.Ke4 Te3† Weiß gab auf. Und so hätte Weiß remis halten können: 1.b6! c2! 2.b7 (Kd2? Td4† nebst Tb4) 2. ... .Tb4 3.Tc7 Kb2 4.Kd2 Td4† 5.K beliebig Tb4 und schließlich remis durch Zugwiederholung.

Remis statt Gewinn

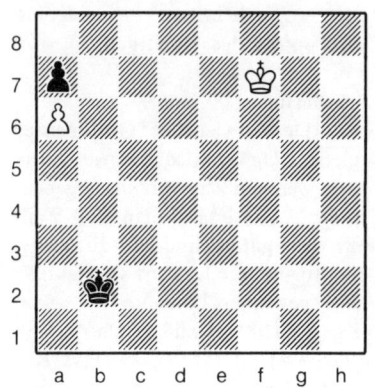

141 Weiß am Zug

Schlage – Ahues
Berlin 1921

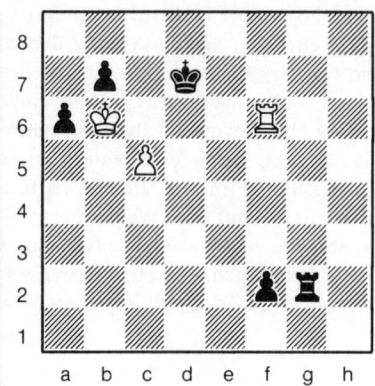

142 Schwarz am Zug

Prins – Dr. Lehmann
Olympiade Leipzig 1960

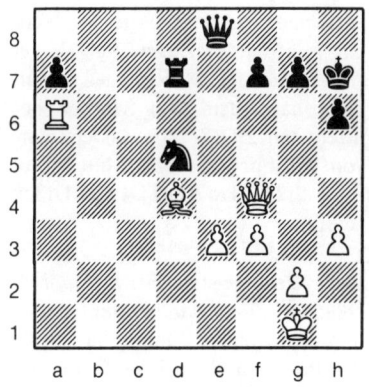

143 Weiß am Zug

Furman – Cholmow
31. UdSSR-Meisterschaft
Leningrad

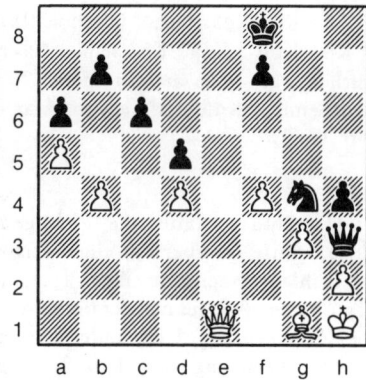

144 Schwarz am Zug

John – Sämisch
Berlin 1932

Remis statt Gewinn

„Remis ist ehrenvoll für beide Teile", freute sich mal ein Meister über ein harterkämpftes Unentschieden gegen einen Favoriten. Aber ein halber Punkt macht dann keinen Spaß mehr, wenn er eigentlich als ganzer Punkt in der Tabelle hätte erscheinen müssen. Wenn . . ., ja wenn man nicht in Gewinnstellung einen Fehler gemacht oder zu wenig gesucht oder gekämpft hätte . . .

Gestolpert

141 In der Praxis gibt man „so etwas" auf, denn der weiße König erreicht a7 rechtzeitig, um seinen letzten Bauern zum Gewinnbauern krönen zu lassen. Ahues spielte weiter: 1.Ke6 Kc3 2.Kd6?, und schon war das Wunder geschehen, und Schlage trauerte einem vergebenen halben Punkt nach. 2. . . . Kd4 3.Kc6 Ke5 (rechts überholen!) 4.Kb7 Kd6 5.Kxa7 Kc7 remis. Natürlich war, ohne das „Stolpern" 2.Kd6, mit 2.Kd5 der Gewinn klar für Weiß.

Eilig

142 Schwarz hatte die richtige Idee, führte sie aber um einen Zug zu früh aus. Nach dem eiligen 1. . . . Tg6?? 2.c6† (wieder mal der berühmte Zwischenzug. Hier unterbricht er die Fesselung des Tf6) 2. . . . bxc6 3.Txf2 ging die Partie remis. Sie war zu gewinnen mit dem ruhigen 1. . . .Ke7 2.Tf3 (muß auf der f-Linie bleiben) und nun 3. . . .Tg6† 4.Kxb7 Tf6!, und der weiße Turm muß sich für den Freibauern opfern, oder — noch besser — sein König wirft sofort das Handtuch.

Friedfertig

143 Der sowjetische Großmeister spielte 1.Dg4, und die Partie wurde nach wenigen Zügen remis gegeben. In der Analyse fand man, daß Weiß mit dem gar nicht leicht zu sehenden Turmopfer 1.Txh6† spektakulär hätte gewinnen können: 1. . . .gxh6 (Kg8 2.Th8† Kxh8 3.Dh6† Kg8 4.Dxg7 #) 2.Df5† Kg8 3.Dg4† Kf8 4.Dg7† Ke7 5.De5† Kf8 6. Lc5† Se7 7.Dh8 #. (Falls 5. . . .Kd8, so 6.Db8† Ke7 7.Lc5† mit Damengewinn. Falls 6. . . .Kg8 7.Dxe8 Damengewinn.) Schade, schade . . .

Vergessen

144 Sämisch, natürlich in Zeitnot, spielte 1. . . .hxg3, und nach 2.Dxg3 endete die Partie später unentschieden. Dabei hätte — Weiß ist praktisch in Zugzwang! — der Abwartezug 1. . . .Kg7 gewonnen, denn nach dem von Sämisch befürchteten 2.De7 wäre das erstmals von Pillsbury gezeigte Matt-Motiv 2. . . .Sf2† 3.Lxf2 Df1† 4.Lg1 Df3 # gefolgt.

*

Der Großmeister Fritz Sämisch (1896 — 1975) war berühmt dafür, daß er in späteren Jahren fast in jeder Partie in schrecklichste Zeitnot geriet. Als ihm in dieser gewohnten Situation einmal der Gegner remis anbot, lehnte er es mit den Worten ab: „Wie kann ich denn remis geben, wenn ich nicht einmal weiß, wie ich stehe!"

Vier Selbstmörder

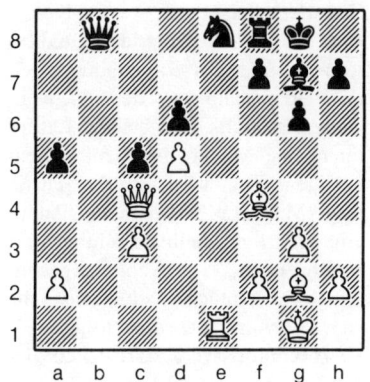

145 Weiß zog Dxc5

Castagne – Marcus
Berlin 1965

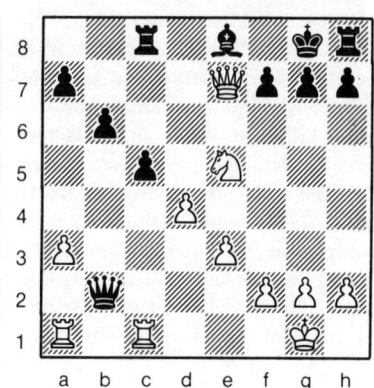

146 Schwarz zog cxd4

Geir – Olafsson
Reykjavik 1953

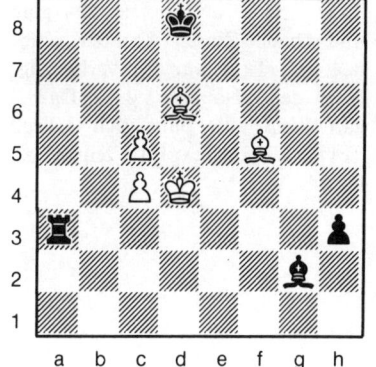

147 Weiß zog Le6

Popov – Fuchs
Sofia 1959

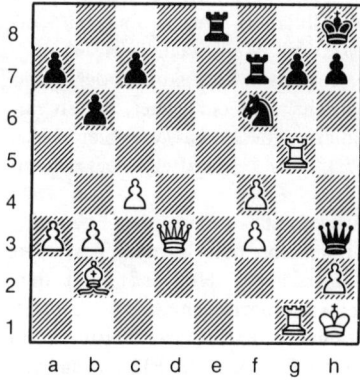

148 Weiß zog Txg7

Uhlmann – Dely
Budapest 1962

Vier Selbstmörder

„Selbstmörder" — ist das nicht etwas zu pathetisch für den Verlierer einer im Grunde so unwichtigen Sache wie einer Schachpartie? Und vielleicht auch zu makaber? Sie werden mir verzeihen, wenn Sie die vier Beispiele betrachtet haben. Wer seine Stellung so malträtiert wie die Meister und Großmeister Castagne, Olafsson, Popov und Uhlmann, der ist ein „Selbstmörder auf dem Schachbrett"!

Vergifteter Bauer

[145] War das denn der kleine Bauer c5 wert, daß Weiß für ihn einzügig die Partie einstellte? Nach 1.Dxc5? g5! hatte Weiß plötzlich eine Figur weniger, denn Lf4 darf sich nicht von der Schräge h2-b8 entfernen, weil seine Dame ersatzlos verloren ginge. So mußte er auf f4 stillhalten, wurde aber bald erlöst, weil Weiß nach dem Figurenverlust sofort aufgab. In der Fachsprache wird ein Bauer, der so raffiniert gedeckt ist (wie hier durch g5!), als „vergiftet" bezeichnet.

Selbstmatt

[146] Selbstmatt ist eine Form des Kunstschachs. Hier paßt es zu dem selbstmörderischen Zug 1....cxd4. Natürlich hatte Großmeister (und später Präsident der FIDE) Olafsson sich etwas gedacht: 2.Txc8 ist nicht möglich wegen Dxa1. Aber möglich war das Selbstmatt: 2.Dxf7†! Lxf7 (erzwungen) 3.Txc8† (mit Schach!) Le8 4.Txe8 #.

Selbstfesselung

[147] Weiß hat, trotz der Qualität weniger und des Riesenbauern h3, gute Remischancen, denn sein c-Bauer ist dank der beiden Läufer auch eine Macht. Aber mit einem einzigen Zug warf er die Partie weg. Mit 1.Le6?? begab er sich in eine seltsame Selbstfesselung und mußte nach 1....Ta6! aufgeben. Es droht einfach Txd6, und falls sich Ld6 vom Platz rührt, folgt Txe6. (Was konnte Weiß statt 1.Le6 ziehen? 1.c6 Lxc6 2.Lxa3 h2, und Schwarz gewinnt. 1.Lg4 Ta6 2. Lf4? Th6 3.Lh2 Th4!)

Für die Galerie...

[148] ... spielte Weiß, statt mit 1.Le5 etwa beginnend, seine Stellung zu verstärken und immer größeren Druck auszuüben. Der elfmalige Gewinner der DDR-Meisterschaft opferte einen Turm mit 1.Txg7?? Txg7 2.Lxf6 und hoffte auf gute und schnelle Zinsen. Aber der „schöne" Zug Txg7 war ein Verlustzug! Nach dem „Hammer" 2....Dg2†!! gab Weiß auf, ohne sich 3.Txg2 Te1† 4.Tg1 Texg1 # zeigen zu lassen.

Verlust statt Remis

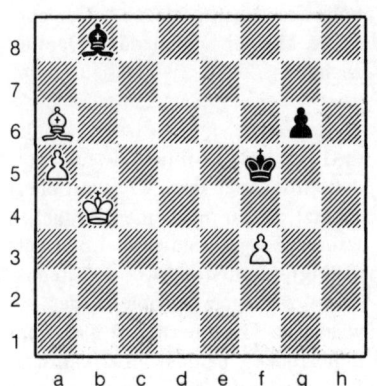

149 Was zog Schwarz?

Najdorf – Camara
Mar del Plata 1961

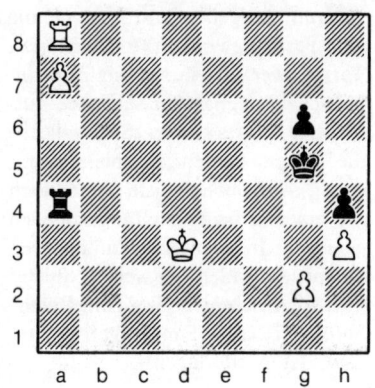

150 Was zog Schwarz?

Dr. Alster – Clarke
Wageningen 1957

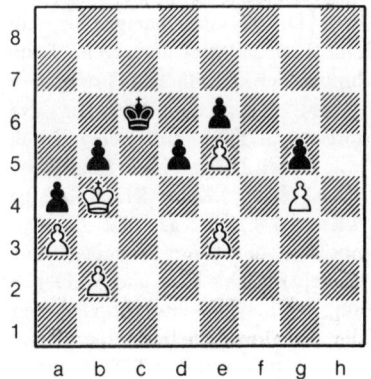

151 Weiß am Zug

Geller – Bisguier
Göteborg 1955

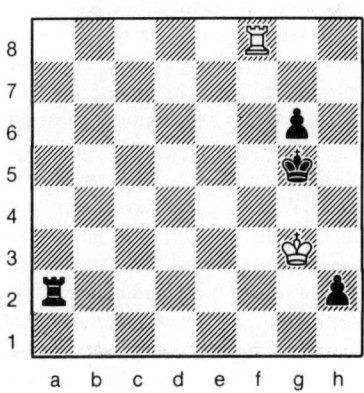

152 Weiß am Zug

*Dr. Tartakower –
Dr. Aitken*
Southsea 1949

Verlust statt Remis

„Durch Aufgeben wurde noch nie eine Partie gewonnen!", witzelte Dr. Tartakower, als ihn einmal ein unhöflicher Gegner zur Aufgabe aufforderte. Tartakowers Satz gilt für die ersten beiden Beispiele, denn durch Aufgeben wurde auch noch nie eine Partie zum Unentschieden gerettet. In den beiden anderen Beispielen finden die weißen Spieler nicht den richtigen Weg zum Remis. Statt vier halbe Punkte gab es hier also vier Niederlagen!

Resignation I

149 Was zog Schwarz? Er zog nicht mehr, sondern gab ganz ohne Grund auf! Da der schwarzfeldrige Läufer des Schwarzen den a-Bauern mühelos hält, galt es für Schwarz nur noch, den weißen f-Bauern zu beseitigen. Nach 1. ...Kf4 war das leicht möglich: 2.Le2 Ke3 3.Ld1 Kd2 4.Lb3 Ke3 5.Ld5 g5, und nach Kf4 wird mittels g4 der weiße Bauer eliminiert. Deshalb scheitert auf 1. ...Kf4 auch 2.Lb7 an g5 nebst g4.

Resignation II

150 Was zog Schwarz? Er zog nicht mehr, sondern gab ganz ohne Grund auf! Gewiß kann der weiße König bis nach b7 laufen, aber dann bekommt er vom schwarzen Turm, der sich auf die erste oder zweite Reihe zurückgezogen hat, ständig störende Schachs: Weiß kommt, da seinem König das Feld a7 fehlt, nicht weiter. Andererseits steht der schwarze König unangreifbar, und der weiße Turm ist an a7 gebunden. Die Stellung steht in jedem Endspielbuch als „unentschieden". Der englische Meister schien das vergessen zu haben...

Überschätzt

151 Es kommt immer wieder vor, daß ein Spieler seine Chancen überschätzt. Selbst in so einem einfachen Bauernendspiel. Statt mit 1.b3 (Auflösung) schnurstracks in den Remishafen zu segeln, probiere der sowjetische Großmeister 1.Ka5, um hinterrücks in das amerikanische Lager einzudringen. Aber das ging schief: 1. ...Kc5 2.Ka6 Kc4 3.Ka5 Kd3, und Weiß gab auf. Eine kaum glaubliche Fehlleistung für einen führenden Großmeister. Der leichte Remisweg: 1.b3 axb3 2.Kxb3 Kc5 3.Kc3 Kb6 4.Kb2 Ka6 5.Kc2 Ka5 6.Kb3.

Die Ausnahme

152 Dr. Tarrasch hat gelehrt, daß „im Turmendspiel der eigene Turm hinter den feindlichen Freibauern gehört!" Dr. Tartakower zog also folgsam 1.Th8? und verlor nach 1. ...Ta4! 2.Kg2 Th4 3.Txh4 Kxh4 4.Kh1 Kg4! 5.Kxh2 Kf3 6.Kh3 g5 7.Kh2 g4 8.Kg1 Kg3! (hat die „Opposition" und damit Gewinnstellung erreicht) 9.Kh1 Kf2, und Weiß gab auf. Hätte Weiß erkannt, daß hier die Ausnahme der berühmten Regel galt, hätte er mit 1.Tf1! mühelos das Remis gesichert.

Mattblinde Gesellen

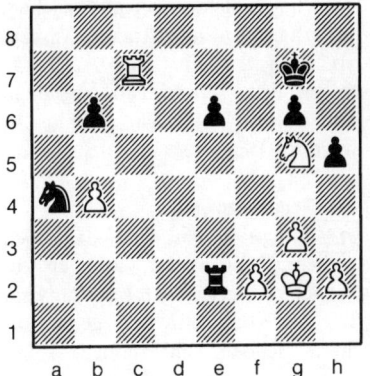

153 Schwarz am Zug

Smyslow – Benkö
Monaco 1969

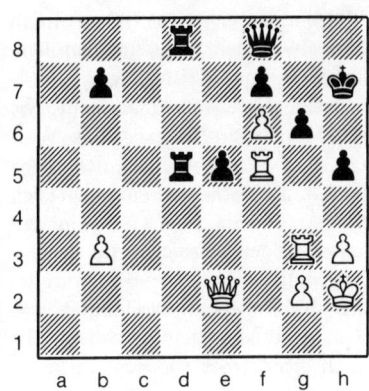

154 Schwarz am Zug

Zinn – Georgadse
Batum 1966

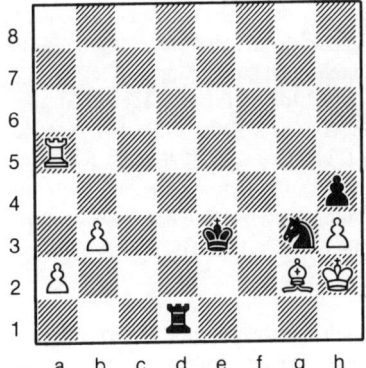

155 Weiß zog Te5†

Tomovic – Sokolov
Belgrad 1961

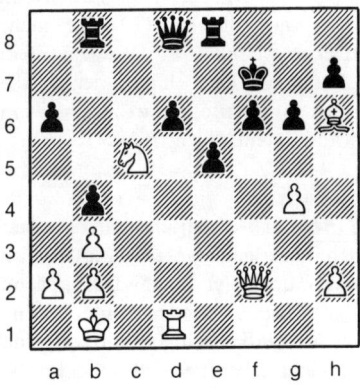

156 Schwarz am Zug

Platz – Lampe
Halle 1957

Mattblinde Gesellen

Mattblinde Gesellen — natürlich handelt es sich nicht um Gesellen, sondern um Meister, gar Großmeister. Aber wenn man sieht, wie sie Matt übersehen, ist das Wort Gesellen vielleicht doch nicht ganz fehl am Platz. Es sind wirklich haarsträubende Fehler, die in den ersten beiden Beispielen zum schnellen Matt führen. Die beiden anderen sind von besserer Qualität, was das Mattbild angeht. Doch das ist auch kein Trost für den Verlierer, der wohl nicht einmal im Traum daran gedacht hatte, daß sich da eine verborgene Mattkombination auf das Brett geschlichen hatte.

Unglaublich

153 Der schwarze König steht „im Schach". Er hat fünf Fluchtfelder zur Verfügung. Drei sind ungefährlich, zwei tödlich. Wohin rennt er? Nach 1. . . .Kf6? 2.h4 konnte Schwarz das Matt durch Tf7 nicht mehr decken. Benkö ist übrigens kein „Fallobst". Der Ungar, der in die USA emigrierte, nahm zweimal am Kandidatenturnier teil!

Der Irrtum

154 Der sowjetische Großmeister sah natürlich, daß ihm Matt durch das Turmopfer Txh5 droht, wenn seine Dame die Deckung von h6 verläßt. Aber sein Irrtum war, daß er nicht erkannte, daß auch Dxh5† droht, nicht nur Txh5†. Er glaubte, Zeit zu 1. . . .Dc5 zu haben, um dann mit Td1 eine Mattdrohung aufstellen zu können. Die Zeit dazu wollte er nach Txh5† durch das höfliche Zurücktreten Kg8 erreichen. Er erkannte seinen Irrtum schnell, als Zinn auf 1. . . .Dc5? 2.Dxh5† folgen ließ — und gab auf, denn nun rettet 2. . . .Kg8 nicht mehr wegen 3.Txg6† usw.

Ein Schach zuviel

155 Wie soll Weiß denn „das" noch verlieren? Er verlor, weil er ein Schach zuviel gab: 1.Te5†??. Nach 1. . . .Kf2 (er läßt sich gerne auf dieses schöne Feld treiben) 2.Te8 folgte ein prächtiges Springermatt: 2. . . .Th1†! 3.Lxh1 Sf1#! Eine kleine Kostbarkeit!

Ahnungslos

156 Was würden Sie lieber spielen: Mit Schwarz oder Weiß? Wenn Sie vielleicht Schwarz wählen, sollten Sie nicht auf 1. . . .Db6? verfallen, um die Fesselung aufzulösen und den Damentausch anzustreben, wonach dem Schwarzen gar nichts mehr drohen würde. Schwarz hatte mehrere gute Züge, aber 1. . . . Db6? löste ein verborgenes Matt in drei Zügen aus: 2.Dxf6†! Kxf6 3.Tf1† Ke7 4.Lg5#. Hätten Sie's gesehen, oder wären Sie auch ahnungslos gewesen wie Meister Lampe?

*

Seltsamerweise gibt es Großmeister, von denen schwere Fehler unbekannt sind. Und die sich auch nur selten von einer versteckten Mattkombination überraschen lassen. Wir andern werden wohl immer „ahnungslose Engel" bleiben . . .

Verlust statt Gewinn

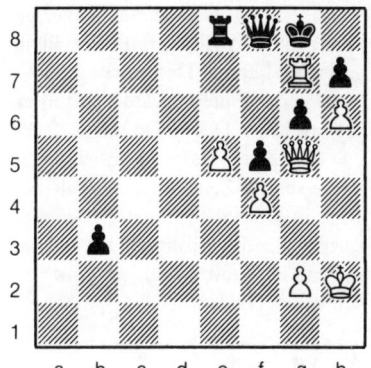

157 Schwarz am Zug

Barcza – Golombek
Bukarest 1953

158 Schwarz am Zug

Cress – Medina
Jerey 1959

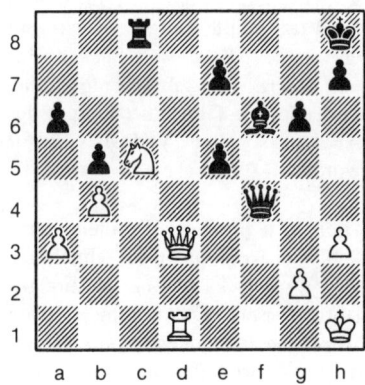

159 Weiß am Zug

Beljawski – Grigorian
UdSSR 1976

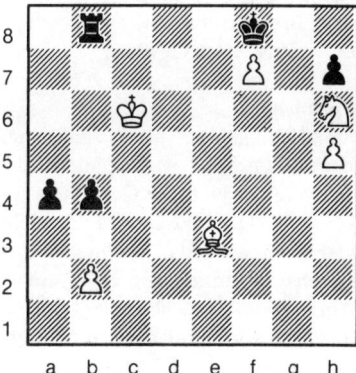

160 Schwarz am Zug

Tschélebi – Barcza
Olympiade
München 1958

Verlust statt Gewinn

Ist es schon ärgerlich, wenn man eine gewonnene Stellung nicht gewinnen und nur remis halten kann, so wird dieser Ärger verdoppelt und verdreifacht, wenn man eine gewonnene Stellung gar noch verliert. Jeder Spieler weiß, wie ihm in der folgenden Nacht im Traum immer wieder die Gewinnstellung erscheint und der klare Weg zum Gewinn. Das Unterbewußtsein arbeitet so unermüdlich, daß man sich von der Verlustpartie nicht lösen kann.

Geizig

|157| Ich weiß nicht, welche Gefühle Mr. Golombek erfüllten, als er nach 1. ...Kh8?? 2.Tb7 diese Stellung verlor. Wäre er nicht so geizig gewesen und hätte einfach 1. ...Dxg7 2.hxg7 b2 gespielt, wäre im nächsten Zug schon eine neue schwarze Dame triumphierend auf dem Brett erschienen! So aber hieß es: Verlust statt Gewinn!

Einladend

|158| Ich glaube nicht, daß hier Zeitnot im Spiel war, sondern daß Schwarz das einfache Gewinnmanöver 1. ...Dxg2† 2.Dxg2 Ld5! nicht gesehen hat. Als Medina nichts Gescheites einfiel, zog er in einem Anfall von Schachblindheit 1. ...d2? und wurde auf diese Einladung hin simpel mit 2.Dh6† 2.gxh6 3.g7 mattgesetzt! Verlust statt Gewinn!

Zeit im Nacken

|159| Das ist, wie aus der baldigen Zeitüberschreitung zu schließen ist, sicherlich eine Partie, in der die Zeitnot die entscheidende Rolle gespielt hat. Aber Zeitnot ist keine Entschuldigung! Der starke Sowjetgroßmeister spielte 1.Dd2 und überschritt nach Dc4 2.Dd7 Dg8 3.Se6 e4 die Zeit! Dabei konnte er in der wenigen Zeit, die ihm geblieben war, in Sekundenschnelle gewinnen durch 1.Se6! (droht 2.Dd8† Txd8 3.Txd8 ‡), und Weiß gewinnt die schwarze Dame!

Analyse falsch

|160| Abbruchstellung bei der Olympiade. Die gesamte ungarische Mannschaft analysierte Barczas Stellung und glaubte (nach einigen erzwungenen Zwischenzügen) hier mit 1. ...Tc8† den Gewinnzug gefunden zu haben. Es geschah 2.Kd7 Tc4 3.Sf5! (das hatten die Ungarn übersehen) 3. ...a3 (Kxf7? 4.Sd6† mit Turmgewinn) 4.Sd6 Kg7 5.Lh6†, und Schwarz mußte aufgeben, da nun der weiße f-Bauer mit Schach einmarschiert! Es gibt wenig Fälle, in denen eine Gewinnstellung in der Analyse so zum Verlust verpatzt wurde.

*

Hier wird auch ein Problem deutlich, das wohl nicht so schnell gelöst werden kann: das Sekundanten(un)wesen! Da kommen heute schon die Jugendspieler mit Sekundant zu nationalen und internationalen Titelkämpfen. Die Sekundanten sind aus den Kämpfen um die Weltmeisterschaft nicht mehr wegzudenken! Werden sie eines Tages vielleicht durch einen Computer ersetzt . . .?

„Meisterleistungen"

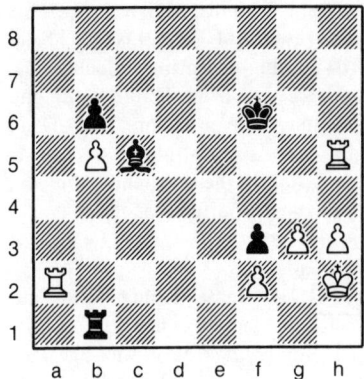

161 Weiß am Zug

Sliwa – Malich
Gotha 1957

162 Schwarz am Zug

Negyessi – Honfi
Budapest 1955

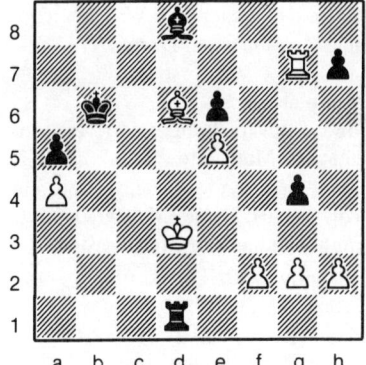

163 Weiß am Zug

Heidrich – Eppinger
Bundesliga 1985/86

164 Schwarz am Zug

Fleck – Gscheidlen
Bundesliga 1985/86

„Meisterleistungen"

Mit gutem Grund stehen die „Meisterleistungen" in Anführungszeichen. Es sind nämlich keine Meisterleistungen im üblichen Sinn, sondern unglaubliche Patzer und Fehler, unübertroffene Fehlleistungen. Sicher haben Sie Verständnis für die vier „Meister", denn irgendwann hat jeder von uns einen schwarzen Tag oder gar den schwärzesten. Glauben Sie aber nicht, daß ich lange nach solchen Beispielen suchen mußte. Die Auswahl fiel mir bei meiner großen Sammlung schwer und nicht schwer ...

Stop!

161 Gerade wollte der polnische Meister mit 1.g4 beginnend, und dann 2.Kg3, seine überlegene Stellung in leichten Gewinn verwandeln, da traf ihn Caissas Fluch: Nach 1.g4?? rief die Schachgöttin „Stop!" und gab dem schwarzen Läufer die Vorfahrt zu dem Mustermatt 1. ... Ld6 (2.Te5 Lxe5) matt. Wie kommt es zu einem solchen Blackout? Die Psychologen wissen es auch nicht ...

Dem Gegner glauben!?

162 Der deutsche Meister Carl Ahues sagte seinen Schachschülern immer wieder, daß sie sich manchmal auch auf den Gegner verlassen sollten, der ja auch nicht fehlerlos sei. Aber gleichzeitig warnte er davor, dem Gegner alles zu glauben. Diesem guten Rat folgte der Ungar Negyessi nicht, als er nach 1. ... Dxa2†?? einfach aufgab, weil er glaubte, nach 2.Sxa2 durch Td1 mattgesetzt zu werden. Ein Kiebitz fragte: „Weshalb, Meister, gaben Sie denn auf? Auf 1. ... .Dxa2† 2.Sxa2 Td1† zieht Ihr Springer doch 3.Sc1, und Sie haben die Dame mehr und gewinnen." War schon 1. ... .Dxa2 eine „Meisterleistung", so wurde diese durch die Partieaufgabe von Weiß weit übertroffen!

Abstieg!

163 Der weiße König kann auf sechs Felder abziehen. Er wählte das einzige, das diese wichtige Partie verlor: 1.Kc3?? Txd6 2.exd6 Lf6†, und Weiß gab auf (der Turm fällt). Rein persönlich ein trauriges Ende für Weiß — aber für seine Mannschaft Erlangen viel, viel trauriger! Sie verlor den Stichkampf um den Verbleib in der Bundesliga gegen Sindelfingen 3,5:4,5! Schon ein Remis Heidrichs hätte Erlangen gerettet, da es bei 4:4 die bessere „Berliner Wertung" gehabt hätte (dank des Sieges von W. Hartmann über Großmeister Darga).

Non plus ultra

164 Schwarz komponierte ein einzügiges Matt mit 1. ... .Sf7?? 2. Sd5 #! Mitten auf dem Brett ein Mustermatt! Diese „Meisterleistung" kann nicht übertroffen werden!

Pleitegeier im Glück

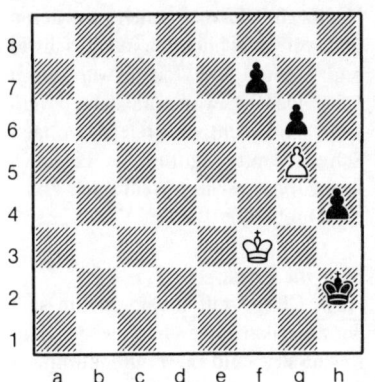

165 Schwarz zog h3

Gauba – Schiele
Wiesbaden 1956

166 Schwarz am Zug

Möhring – Golz
Berlin 1956

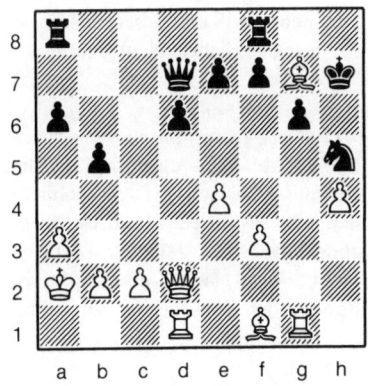

167 Schwarz zog De6†

Lapiken – Reshevsky
Long Beach 1955

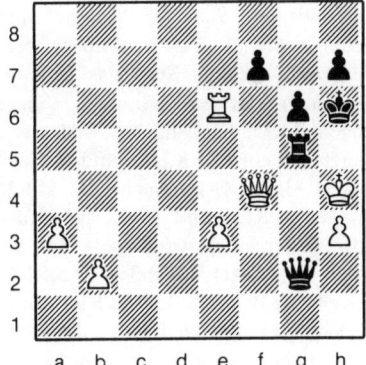

168 Schwarz zog Dg1

*Dr. Aljechin –
Prof. Naegeli*
Bern 1932

Pleitegeier im Glück

Ich habe lange gezögert, ob ich dem vierblättrigen Kleeblatt „Meisterleistungen" noch die folgenden vier Beispiele anfügen solle. Die „Meisterleistungen" sollten der Höhepunkt sein! Aber dann fand ich einige Diagramme, die zeigten, daß Pleiten nicht immer zum Verlust führen müssen, denn der Gegner, der bei Pleiten „kassiert", kann ja beim Kassieren immer selbst noch einen Fehler machen. So kam es also zu dieser abschließenden Zusammenstellung „Pleitegeier im Glück", in der berichtet wird, wie die launische Schachgöttin Caissa selbst große Patzer noch großzügig gewinnen läßt.

Vorletzter Fehler ...

| 165 | ... gewinnt, sagt eine uralte Schachweisheit. Dazu ein einfaches Beispiel aus einem einfachen Bauernendspiel. Schwarz begann mit dem Fehler 1. ...h3?, wonach bei präzisem weißem Spiel das Unentschieden klar gewesen wäre. Aber nach 2.Kf2! Kh1 machte Weiß den letzten Fehler 3.Kg3?? und verlor nach 3. ...Kg1! (nicht 3. ...h2 wegen 4.Kf2, und Weiß gewinnt, da wegen Zugzwang 4. ...f5 5.gxf6 ep. folgt) 4.Kxh3 Kf2 5.Kh4 (Kg4 Ke3) 5. ...Kf3 6.Kh3 Kf4 7.Kh4 Kf5, und Weiß gab auf. Ohne den Fehler 3.Kg3 konnte Schwarz nicht gewinnen: Remis durch 3.Kf1 Kh2 4.Kf2). Übrigens: 1. ...Kh3 gewann „von selbst" ...

Kassieren vergessen

| 166 | Nach 1. ...La5? konnte der Nachziehende nicht mehr kassieren und verlor schließlich nach schwerem Kampf. Die Partie war durch 1. ...Da5! gewonnen, denn Weiß kann dxc3 nicht verhindern, wonach Schwarz mit Figurenplus gewinnt. Auf 2.axb4 verliert Weiß nach Dxa1 die Qualität.

Sam im Glück

| 167 | 1.Kxg7 eilt nicht, dachte sich der amerikanische Großmeister Sam Reshevsky und gab unbekümmert Schach: 1. ...De6†?. Daraufhin sah man Sam im Glück, denn sein Gegner zog 2.Kb1 und verlor schließlich die Partie gegen den Favoriten. Aber: Das Damenschach war ein Fehler! Auf 1. ...De6† 2.Lc4! (Hineinziehungsopfer) 2. ...Dxc4† 3.b3 hätte Schwarz die Dame verloren, denn falls sie sich rettet, wird ihr König stante pede mit Dh6 nebst Dh8 mattgesetzt! Reshevsky als glücklicher Pleitegeier!

Danke, Professor!

| 168 | Der große Sieger von Bern 1932 hätte hier eigentlich verlieren müssen. Nach 1. ...f5! schließt sich das Mattnetz, und es droht undeckbar 3. ...Dg3† 4.Dxg3 Th5#. Prof. Naegeli ließ die Sternstunde, den Weltmeister zu schlagen, ungenutzt vorübergehen: Nach dem zahmen 1. ...Dg1 endete die Partie remis. Dr. Aljechin als glücklicher Pleitegeier!

Stories

Die Regeln der FIDE, der internationalen Schachorganisation, gelten in der ganzen Schachwelt. Ob auf einer Insel im Pazifik oder in der Karibik, in irgendeiner Stadt der Sowjetunion, ob in Nordafrika oder Südamerika. Ob in der Stadt oder in einem kleinen Dorf Schach gespielt wird, überall beginnt das Spiel mit einem Zug der weißen Steine. Überall gilt, daß ein Bauer nur schräg nach vorne schlagen darf, überall springen die Springer über andere Steine hinweg, und überall ist die Partie beendet, wenn einer der beiden Könige mattgesetzt wird. Das war nicht immer so. Als ich vor rund sechzig Jahren in das Schachspiel eingeführt wurde, durften noch im ersten Zug zwei Bauern gleichzeitig gezogen werden. Am beliebtesten war 1.e2-e4 plus 1.d2-d4 oder die Doppelstrategie gegen spätere Springerfesselungen 1.a2-a3 plus 1.h2-h3. Am längsten dauerte es, bis die Rochade international überall anerkannt war.

Berührt — geführt

Die mir am wichtigsten erscheinende Regel ist in den Artikeln 8 und 20 festgehalten, die „Der berührte Stein" betitelt sind. Warum sind sie so wichtig? Weil der größte Streit auf dem Schachbrett immer dann entsteht, wenn ein berührter Stein nicht gezogen wird. Sie kennen sicher Spieler, die fast jeden Zug zurücknehmen. Entlarvt der Gegner einen ihrer Züge als schlecht, so nehmen sie sich das Recht heraus, den bereits gemachten Zug durch einen andern zu ersetzen, und das nicht nur einmal. Damit wird jedes Spiel zur Farce. Wie gut, daß diese Unsportlichkeit immer mehr verschwindet, nicht zuletzt dadurch, daß auch in den populären Blitzpartien kein Zug zurückgenommen werden darf.

Turm-Tragödie

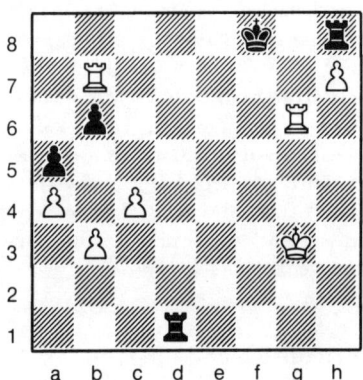

169 Weiß am Zug

Rubzowa – Ranniku
UdSSR 1971

Bevor wir uns gemeinsam die FIDE-Regeln 8 und 20 ansehen, zum Einstimmen in das Thema eine wahre Geschichte, die sich 1971 bei der UdSSR-Frauenmeisterschaft ereignete. Olga Nikolajewa Rubzowa,

1956 die erste offizielle Weltmeisterin, brachte hier das häßlichste Doppelturmopfer der Schachgeschichte. Zuerst gab sie mit 1.Tg8 „Schach", worauf ihre Gegnerin natürlich gezwungen war, 1. . . .Txg8† zu spielen. Dann griff Olga nach ihrem zweiten Turm auf b7, um mittels 2. Tb8† K beliebig 3.hxg8D die Partie zu gewinnen. Erst nachdem sie ihren Turm b7 ergriffen hatte, wurde ihr klar, daß Tb8† gar nicht möglich war, weil ja 1. . . .Txg8 „mit Schach" geschlagen wurde. Olga, eine gute Verliererin, und nicht ohne Humor, nahm Tb7 und deckte mit 2.Tg7 das Schach ab, um nach 2. . . .Txg7† aufzugeben. Berührt — geführt, war hier für Weiß noch aus einem zweiten Grund ein bitteres Muß: Hätte Weiß nach 1.Tg8† den Fehler sofort erkannt und ihren zweiten Turm unberührt gelassen, hätte nach 1. . . . Txg8† 2.hxg8D† Kxg8 3.Txb6 Weiß immer noch die besten Gewinnchancen gehabt . . .

Artikel 8

Hier wird auch das berühmte „j'adoube" („ich rücke zurecht") behandelt: „Unter der Bedingung, daß er seinen Gegner vorher davon in Kenntnis gesetzt hat, kann der am Zuge befindliche Spieler einen oder mehrere Steine auf deren Feldern zurechtrücken. Mit Ausnahme dieses Falles muß ein am Zuge befindlicher Spieler, der einen oder mehrere Steine berührt hat, seinen Zug so ausführen, daß er den zuerst berührten Stein zieht oder schlägt, sofern dieser überhaupt gezogen oder geschlagen werden kann. Und wenn er Steine des Gegners berührt, muß er den Stein des Gegners mit dem eigenen berührten Stein schlagen oder, wenn dies nicht möglich ist, mit einem anderen Stein. Wenn keiner der berührten Steine gezogen oder geschlagen werden kann, kann der Spieler einen Zug nach seiner Wahl ausführen. Wenn ein Spieler einen Verstoß gegen diese Regel reklamieren möchte, muß er dies tun, bevor er selbst einen Stein berührt."

Etwas langatmig, aber im Hauptanliegen ganz scharf: Der eigene berührte Stein muß ziehen, der feindliche berührte Stein muß geschlagen werden! Unmögliche Züge sind straffrei (aber das gilt nicht für Blitzturnierpartien).

Gut erfunden!

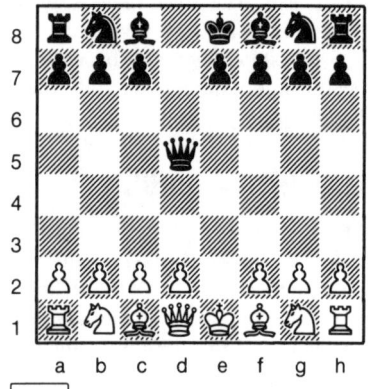

170

Weiß muß Ke2 ziehen

Klaus Lindörfer berichtet in seinem ausgezeichneten „Großen Schach-Lexikon" von einer gut erfundenen Anekdote. Nach 1.e4 d5 2.exd5 Dxd5 war die Stellung auf Diagramm 170 entstanden. Weiß, der schon eine halbe Stunde auf seinen bestellten Kaffee wartete, wurde ungeduldig, nahm seinen König vom Brett und klopfte mit ihm dreimal auf den Tisch, um den Ober auf sein Versäumnis hinzuweisen. Dann stellte er den König nach e1 zurück und spielte 3.Sc3. Aber Schwarz reklamierte: Berührt — geführt! „Sie haben ihren König berührt", sagte er, „und müssen ihn ziehen". Weiß zog schuldbewußt 3.Ke2 (der einzig mögliche Königszug) und wurde mit 3. . . .De4† mattgesetzt!

In den „Ergänzungsregeln für Turniere" der FIDE-Regeln wird unter Artikel 20 der Artikel 8 erläutert. Da wird es schon leicht spitzfindig. Aber das muß auch sein, weil zahlreiche Fälle auf Turnieren eine ausführlichere Auslegung nötig machten. Hier sind sie:

a) Hat ein am Zuge befindlicher Spieler einen oder mehrere eigene Steine berührt, muß er den zuerst berührten Stein, der gezogen werden kann, ziehen. Sind die zuerst berührten zwei Steine König und Turm, muß der Spieler mit diesem Turm rochieren, oder, wenn dies nicht möglich ist, der König ziehen.

b) Hat ein am Zuge befindlicher Spieler einen oder mehrere Steine des Gegners berührt, muß er den zuerst berührten Stein, der geschlagen werden kann, schlagen.

c) Hat ein am Zuge befindlicher Spieler einen eigenen Stein und einen Stein des Gegners berührt, muß er den gegnerischen Stein mit dem eigenen Stein schlagen, oder, wenn das mit dem berührten eigenen Stein nicht möglich ist, mit einem anderen eigenen Stein. Ist das Schlagen des gegnerischen Steins nicht möglich, muß der Spieler seinen eigenen berührten Stein ziehen.

d) Hat ein am Zuge befindlicher Spieler einen oder mehrere eigene Steine und zwei oder mehrere gegnerische Steine berührt, hat der Gegner die Entscheidung darüber, welcher Stein gezogen bzw. geschlagen werden soll."

Dazu gibt es noch ein Bündel Anweisungen an den Schiedsrichter, mit denen ich Sie nicht langweilen möchte. Sie können nämlich sowohl den Artikel 8 wie den ergänzenden Artikel 20 leicht selbst außer Kraft setzen: Setzen Sie sich auf Ihre Hände bei der Turnierpartie!

Stories

Fingerfehler

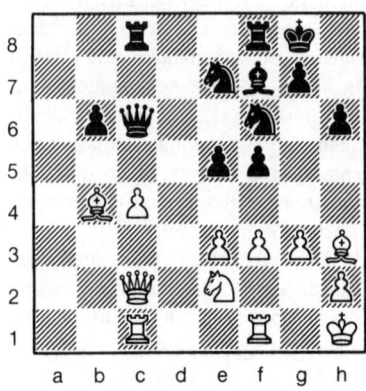

Schwarz am Zug

171

Kortschnoi – Petrosjan

Fingerfehler sind beim Schachspiel (auch bei wichtigen Partien) gar nicht so selten. Da will der Kopf, daß der Läufer ergriffen wird, und die Hand greift nach dem Springer. Hier kann ein Spieler nicht argumentieren, daß es sich „nur" um einen Fingerfehler gehandelt habe, sondern die berührte Figur oder Bauer muß auch gezogen werden, selbst wenn es ein Verlustzug wird. Dazu ein Beispiel vom Kandidaten-Viertelfinale 1977, als sich im Schloßhotel Il Ciocca in der Toskana die Intimfeinde Kortschnoi und Petrosjan beim Stande von 2:2 gegenübersaßen. Petrosjan wollte (siehe Diagramm 171) 29. . . .Sf6-d5 ziehen, griff sich aber den Se7. Nach 29. . . .Se7-d5? 30.Lxf8 Sxe3 31. Dc3 Sxf1 32.Lb4 verlor Schwarz eine Figur, denn Sf1 hat kein Rückzugsfeld und geht verloren. Nebenbei: Die Hotelbesitzer Marucci hatten 20.000 Dollar bezahlt, um Kortschnoi — Petrosjan ihren Gästen als Attraktion bieten zu können. Der Einsatz zahlte sich nicht aus. . . .

Nur gestreift . . .

Wie pingelig viele Spieler sind, mußte Großmeister Ludek Pachman beim Open in Ales erfahren. In Gewinnstellung wollte er mit seiner Dame (auf c2) einen Zug machen, streifte aber beim Griff nach der Dame versehentlich seinen Tc1. Der Gegner holte den Schiedsrichter und der entschied: Tc1 wurde berührt und muß ziehen! Pachmans Proteste halfen nichts, er mußte seinen Tc1 ziehen und damit die Dame im Stich lassen. Ergebnis: Statt 3. Platz und gutem Preisgeld Platz 21 und die Ehre, an einem starken Turnier teilgenommen zu haben. . . ..

Der gleiche Fall

Man kann geteilter Meinung sein, ob ein Verstoß gegen Artikel 8 vorliegt, wenn bei einem klar in seiner Absicht zu erkennenden Zug auf dem Wege zum Stein, der ziehen soll, ein eigener Stein flüchtig gestreift wird. Aber allgemein hat sich durchgesetzt, daß diese flüchtige Berührung bestraft wird, wenn nicht sofort das strafhemmende „j'adoube" gesagt wird.

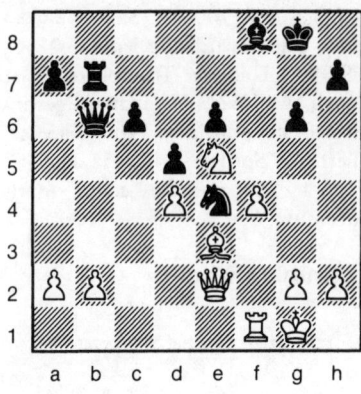

172 Weiß am Zug
Rukavina – Ivanovic

Die Partie wurde bei der 37. Meisterschaft von Jugoslawien gespielt. Weiß beabsichtigte, Dg4 zu spielen, bei der Schwäche von e6 sicher ein vernünftiger Zug. Als er nach seiner Dame griff, streifte er durch eine ungeschickte Bewegung seinen Bauern f4, vergaß die Entschuldigung, worauf Großmeister Ivanovic den Turnierleiter holte und verlangte, Weiß solle f4-f5 spielen. Rukavina aber hatte inzwischen, halb verärgert, halb schuldbewußt, die Uhr schon abgestellt und seinen Platz verlassen. Verlust durch Fingerfehler ... Gerecht?

Der Abgabezug

Ist eine Partie nach fünf Stunden noch nicht beendet, so wird sie abgebrochen, und der am Zuge befindliche Spieler schreibt seinen Zug auf sein Formular und legt dieses in ein Kuvert, das vom Turnierleiter versiegelt und in Verwahrung genommen wird. Der Abgabezug bleibt also bis zur Wiederaufnahme der Partie dem Gegner unbekannt. Falls dieser bei Wiederaufnahme noch nicht anwesend ist, wird wohl seine Uhr gedrückt, aber der versiegelte Zug noch nicht ausgeführt, damit der Gegner ihn nicht außerhalb des Turniersaals schon analysieren kann. Beim Abgabezug unterliegt der Spieler nicht ganz dem Zeitdruck, wie so oft in den letzten Zügen vor der Zeitkontrolle. Aber die Zeit, die er für den Abgabezug verbraucht, unterliegt natürlich auch dem Limit.

Schon seit 100 Jahren wird versucht, abgebrochene Partien nicht zu lange „hängen" zu lassen (meist wird am nächsten Vormittag weitergespielt), um den Vorteil der Hilfe durch Sekundanten auszuschalten, die die Stellung für ihren Spieler durchleuchten und „abkochen". Man geht heute deshalb in manchen Turnieren schon auf sechs Stunden Spielzeit, bevor abgebrochen werden kann. Damit soll es weniger Hängepartien geben. Andererseits ist eine solche Regelung ein Nachteil für den Amateur, dessen Konzentrationsfähigkeit damit noch höher beansprucht wird, läuft doch sein Arbeitsrhythmus ganz anders ab als bei einem Berufsspieler, der ein halber oder ganzer „Nachtmensch" werden muß, um beim späten Spielbeginn (16, 17 oder gar 18 Uhr) so frisch starten zu können wie ein normaler Sterblicher nach dem Frühstück am Morgen.

Die Mattdrohung

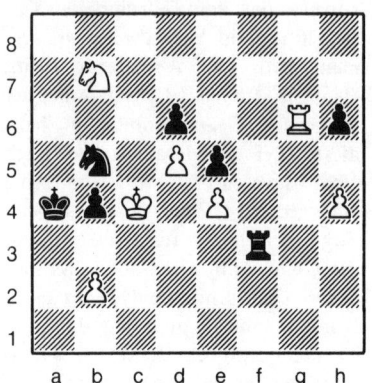

173 Weiß am Zug

Dr. Nedelkovic – Udovcic
Jugoslawische
Meisterschaft 1951

Es ist auch im Schach von Vorteil, nicht nur die eigenen Möglichkeiten, sondern auch die des Gegners genau zu untersuchen. Als Dr. Nedelkovic den Zug 41.Tg8 ins Kuvert gegeben hatte, war er siegessicher, denn nach dem scheinbar erzwungenen 41. ... Sc7 42.Tc8 Tf7 43.Sxd6 gewinnt Weiß mühelos. Als er den Turniersaal verlassen wollte, sah er Udovcic immer noch vor ihrer Partie sitzen. Dr. Nedelkovic wollte sich die Hängepartie ersparen, ging zu seinem Tisch zurück und sagte zu seinem Gegner, Weiterspielen wäre nur Zeitverlust, denn er habe 41.Tg8 abgegeben. „So", sagte Udovcic, „Sie haben Tg8 abgegeben. Dann wäre Weiterspielen wirklich ein Zeitverlust! Auf Tg8 setze ich Sie nämlich einfach mit 41. ... Sa3† 42.bxa3 (der Bauer wird abgelenkt) 42. ... Tc3 ‡!" Und als Trumpf zeigte er noch, wie Weiß leicht hätte gewinnen können: 41.b3† Txb3 (Ka3 verliert den Springer) 42.Sc5† dxc5 43.Ta6 ‡! Das war die „echte" Mattdrohung!

Unruhige Nacht

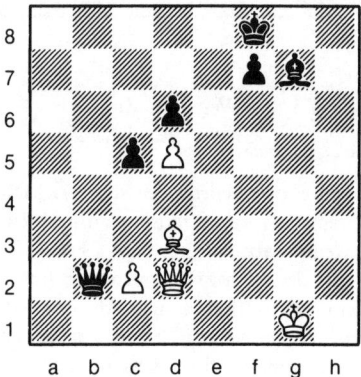

174 Schwarz gab den Zug ab

Joppen – Wade
Olympia
Amsterdam 1954

Der deutsche Meister Joppen verbrachte eine unruhige Nacht, denn seine Hängepartie gegen den Engländer Wade war verloren: 41. ... Dd4† 42.Df2 (ein Königszug verbietet sich wegen der Drohung c4 mit Figurengewinn) 42. ... Dxd3! (beseitigt auf originelle Weise die ungleichen Läufer) 43.cxd3 Ld4 44. Dxd4 cxd4, und Schwarz verliert das

Bauernendspiel, obwohl Weiß den d4-Bauer erobert. Am nächsten Morgen war klar: Schwarz hatte wirklich 41. ... Dd4† abgegeben, sich dann aber nicht mehr um die Stellung gekümmert, sonst hätte er sich auf den Gewinnweg begeben und nicht auf den Remis-Holzweg. Es geschah: 41. ... Dd4† 42.Df2 Dxd5, und Weiß rettete sich dank der ungleichen Läufer trotz der zwei fehlenden Bauern noch in ein hart erkämpftes Unentschieden.

Das Angebot

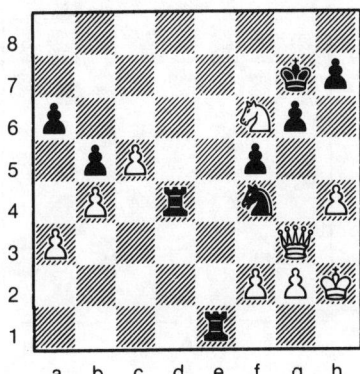

| 175 | Weiß vor dem Abgabezug |

Najdorf – Teschner
Olympia Helsinki 1952

Hätte Najdorf in dieser Stellung remis angeboten, wahrscheinlich hätte Rudolf Teschner (als Spieler ebenso erfolgreich wie als Schachredakteur und Autor) angenommen. So aber hatte der argentinische Großmeister sein Remisangebot erst kurz vor der Wiederaufnahme der Partie gemacht, und Teschner hatte Zeit gehabt, die Stellung genau zu überprüfen. Er war dabei zu dem Ergebnis gekommen, daß Weiß nur nach 41.c6 Kxf6 42.c7 Tc1 43.De3 Se2! 44.Dxe2 Txh4† 45.Kg3 Tg4† 46.Kh2 Txc7 noch gute Remischancen hatte, auf andere Zugfolgen aber nicht mehr. Gewiß fühlte sich der Berliner durch das Remisangebot des Schachriesen geehrt, aber doch nicht so stark, daß er sofort angenommen hätte. Er verlangte — und das ist ein guter Rat für alle in ähnlicher Lage — zuerst den weißen Abgabezug zu sehen! Das ist natürlich erlaubt. Und siehe da: Der gute Miguel hatte einen Verlustzug abgegeben! 41.Dc3? (greift zwar beide schwarzen Türme an, aber ...) 41. ...Se2! 2.Sh5† Kf8 43.Dh3 Td4-d1, und Weiß mußte aufgeben ...

Stories

Schwerer Fall

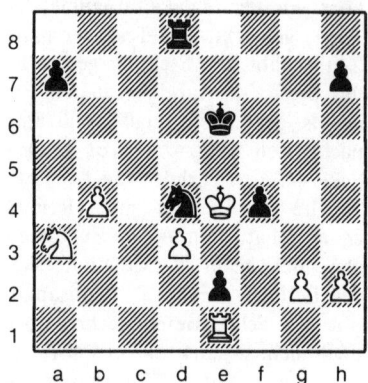

176 — Weiß vor dem Abgabezug

Rasmussen – Dr. Nunn
Lugano 1985

Das ist einer der vielen schweren Fälle, wo man vor der Abbruchstellung sitzt und denkt und kombiniert, und kombiniert und denkt..., aber die letzte Klarheit fehlt. Man muß sehr weit und sehr genau rechnen — und die Uhr läuft weiter. Man muß sich ja auch noch genügend Zeit für die Fortsetzung aufsparen, bei der die zu bewältigenden Aufgaben sicher nicht leichter sein werden. Rasmussen gab nach langer Überlegung 41.Sb1 „ins Kuvert". Aber Sb1 war ein Flop! Nach der Antwort 41.... f3! mußte Weiß sofort aufgeben, denn 42.gxf3 Sc2 ergibt, wohin auch immer der weiße Turm zieht, 43. ... Td4#! Der richtige Abgabezug war: 41.Kxf4! Kd5 42.Sc4 Tf8† 43.Kg3, weil nun auf Tf1? das Springerschach 44.Se3† gar für Weiß gewinnt. Nach 41.Kxf4 Tf8† wäre für Weiß der Weg zum Remis noch schwieriger geworden: 42.Ke3 Kd5 43.Kd2 Tf2 44.Sc2 Sxc2 45.Kxc2 Txg2 46.h4! Kd4 47.Kd2 h5 48.Th1! Das alles hätte Rasmussen vor seiner Zugabgabe sehen müssen. Da wären auch viele andere Meister gescheitert...

Was heißt „sportlich"?

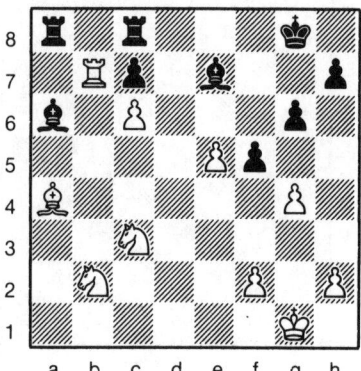

177 — Schwarz gab Zug ab

Barlov – Hresc
37. Meisterschaft Jugoslawien

Das ist ein Fall, der damals viele Diskussionen auslöste. Schwarz hatte den Zug abzugeben, wollte 41. ... Tcb8 auf sein Formular schreiben, verschrieb sich aber, und dann stand da klar und deutlich 41. ... .Tfb8.

Der Turnierleiter entschied sofort „falscher Abgabezug" und erklärte Barlov zum Sieger. Damit aber hätte Barlov zu dem führenden Ljubojevic aufgeschlossen, was dem Schiedsgericht nicht gefiel, weil es den Titel nicht am „grünen Tisch" vergeben wollte. Man begab sich deshalb „etwas außerhalb der Legalität", glaubte, dem „sportlichen Geist" Reverenz erweisen zu müssen, und erlaubte Hresc, die gewonnene Partie weiterzuspielen und zu gewinnen. In der Endabrechnung fehlte Barlov dann ein Punkt, um mit dem neuen Meister Ljubojevic gleichzuziehen und einen Stichkampf zu erreichen. Heute würde kein Schiedsgericht solch ein „sportliches Urteil" fällen. Und das mit Recht, denn entweder gilt die Regel, daß ein falscher Abgabezug automatisch den Verlust nach sich zieht, und wenn sie gilt, muß sie ohne Ansehen der Person und ohne Rücksicht auf andere Personen gelten!

Keine böse Absicht

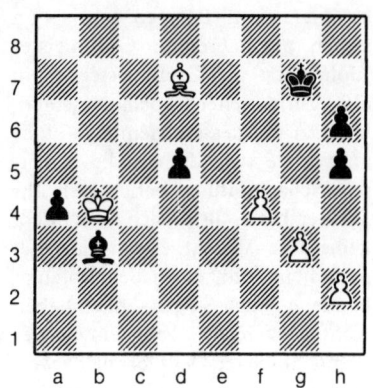

178 Schwarz vor der Abgabe

Benesch – Nacke
Wien 1976

Man könnte über diese Stellung zur Tagesordnung übergehen, würde sie nicht eine Warnung darstellen. Da analysieren also zwei Spieler nach ihrer Partie die Abbruchstellung und stellen fest: Remis! Dann sagt Weiß: „Ich gebe sofort remis, wenn Sie nicht 52. . . .Kg6, sondern einen anderen gültigen Zug abgegeben haben." Weiß hatte dabei keineswegs die Absicht, den Zug des Schwarzen zu erfahren. Man öffnete also das Kuvert und fand, daß Nacke 52. . . .h5, also einen unmöglichen Zug abgegeben hatte. Turnierleiter Dr. Dorazil entschied: Gewinn für Weiß! Der liebenswürdige Ingenieur Benesch bekam Gewissensbisse, bot Nacke ein Remis an, und die Partie kam als Remis in die Turniertabelle. Dann aber wurde es interessant. Benesch schrieb an seinen alten Freund, Großmeister Flohr (erst als Großmeister, dann als Turnierleiter hochangesehen), und bat um dessen Meinung. Flohr antwortete (wie damals die „Deutsche Schachzeitung" berichtete): „Ihr Partner hatte, als er sich verschrieb, keine böse Absicht, es war klar, daß es sich nur um einen Schreibfehler handelte. Auch Sie persönlich haben nicht ganz recht. Wenn ein Spieler Remis anbietet, soll er nicht versuchen, herauszufinden, welchen Zug der Gegner abgegeben hat. Wenn Remis — dann Remis ohne Vorbehalt." Benesch betonte, daß dieses Herausfinden nicht seine Absicht gewesen sei. „Ich sagte nach gemeinsamer Analyse nur zu meinem Gegner, daß ich, bevor ich das Remis akzeptiere, nur noch seinen Abgabezug sehen wolle. Und das ist doch nicht verboten." Die Warnung aus diesem Fall: Kein Gespräch wie auch immer mit dem Gegner in Sachen Abgabezug. Schweigen ist da, wie so oft, Gold. Flohr aber hätte man fragen müssen, ob er bei einer wichtigen Partie unter Großmeistern den falschen Abgabezug auch als Schreibfehler (ohne böse Absicht) entschuldigt hätte.

50 Minuten!

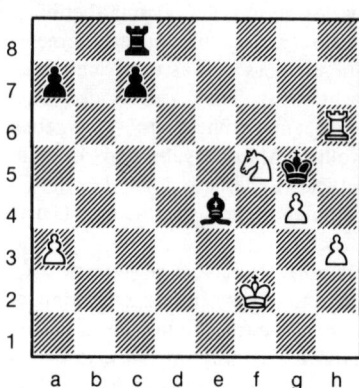

179 Schwarz muß abgeben

Geller – Taimanow
Moskau 1955

Diese Geschichte verdanke ich Salo Flohr, der die Schachszene immer genau beobachtete und einen besonderen Sinn für Dramatik hatte. Taimanow führte in der XX. UdSSR-Meisterschaft 1955 vor der letzten Runde mit einem ganzen Punkt vor Weltmeister Botwinnik. Hielt er diese Abbruchstellung gegen Geller remis, war er Landesmeister, verlor er, wurde er eingeholt. Taimanow hatte hier zwei Züge zur Auswahl: 42. ...Tb8 oder 42. ...Tf8. Er überlegte und überlegte — 50 Minuten lang! Länger geht es nicht, denn er muß ja bei Wiederaufnahme auch noch Zeit für weitere 15 Züge (Zeitkontrolle beim 56. und später beim 72. Zug) übrig behalten. Schließlich entschied sich Taimanow für 42. ...

Tb8, leistete noch großen Widerstand und verlor.

Nach der Partie war klar, daß der andere Turmzug, 42. ... Tf8, der richtige gewesen wäre: 42. ... Tf8! 43.Th5† Kg6 44.Ke3 Lxf5 45.Txf5 Txf5 46.gxf5† Kxf5 47.Kd4 Kg5 48. Kc5 Kh4 49.Kc6 Kxh3 50.Kxc7 Kg4 51.Kb7 a5 52.a4 Kf5 53.Kb6 Ke6 54.Kxa5 Kd7 55.Kb6 Kc8 und remis. Ebenso nach 49.a4 (statt Kc6) Kxh3 50.a5 Kg4 51.Kc6 Kf5 52. Kxc7 Ke6. Taimanow hatte bei seinen Überlegungen dem nach Tf8 entstehenden Bauernendspiel nicht getraut. Gerade da wäre Rettung möglich gewesen. Niemand wird ihn tadeln, daß er bei zwei gleich gut (oder gleich schlecht) erscheinenden Zügen den falschen wählte. So bitter und schwer wird oft der Abgabezug ...

50-Züge-Regel

Eine stets umstrittene Regel sagt, daß eine Partie nach 50 Zügen, wenn inzwischen nicht ein Bauer gezogen oder ein Stein geschlagen wurde, remis zu geben ist. Umstritten ist diese Regel, weil es manche Endspiele gibt, die innerhalb von 50 Zügen nicht gewonnen werden können, die Gewinnführung also wesentlich mehr Züge benötigt. (Beispiel: zwei Springer und König gegen gestoppten Bauern und König.) Die Regel hat Härten. Dazu eine Tragikomödie aus Jugoslawien. Es ist eine fast unglaubliche Geschichte. Jeder Schachspieler spürt die Dramatik der Szene!

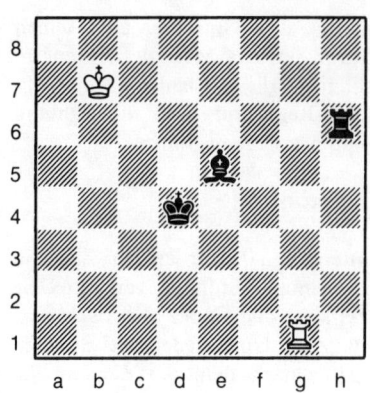

180 Schwarz am Zug

Ciglic – Indjic
Tito-Pokal 1981

Man muß wissen, daß der letzte Schlagfall im 51. Zug geschah, so daß — der 50-Züge-Regel gemäß — Schwarz spätestens im 101. Zug mattsetzen mußte. (Der Schlagfall weißer Turm gegen schwarzen Läufer würde automatisch für Schwarz entscheiden.) Es geschah: 89. ... Kd5 90.Td1† Ld4 91.Td2 Td6 92. Td1 Td7† 93.Kc8 Kc6 94.Tc1† Kd6 95.Td1 (ungenau, nach Tc2 wäre das Remis klar) 95. ... Tc7† 96.Kd8 Tc4 97.Td2 Ke6 98.Te2† Le5 99.Te1 Tc2? (mit Th4! 100. Kc8 Tb4 hätte Schwarz gerade noch rechtzeitig im 100. Zug durch Mattsetzen gewonnen. Nun ist das Remis klar!) 100.Te3? (Nein, einen Zug vor dem Ziel scheitert Weiß durch eigenen Fehler. Mit 100.Te4 wurde das Remis sichergestellt) 100. ... Tb2!, und Weiß gab auf, denn er wird genau im 101. Zug mattgesetzt. Opfert er aber seinen Turm, um das Matt zu verhindern, so hebt dieser Schlagfall die 50-Züge-Regel auf, und die Zählung müßte erneut beginnen.

Zeitkontrolle

International werden 40 Züge in zweieinhalb Stunden verlangt. Die Zeitkontrolle findet also nach dem 40. Zug, dann wieder zwei Stunden später nach dem 56. Zug, im 72. Zug (nach höchstens sieben Stunden Spieldauer), im 88. Zug usw. statt. In der deutschen Bundesliga werden 50 Züge in zweieinhalb Stunden verlangt. Die zweite Zeitkontrolle ist dann nach dem 70. Zug (Höchstspieldauer sieben Stunden), nach dem 90. Zug (höchstens neun Stunden) und weiter alle zwei Stunden (bzw. nach weiteren 20 Zügen).
In den zweieinhalb Stunden (150 Minuten), die für die ersten 40 Züge zur Verfügung stehen, kann man seine Zeit nach Belieben verteilen: Man kann für einen Zug 80 Minuten verbrauchen, muß dann eben die 39 anderen so schnell ziehen, daß man im Zeitlimit bleibt.
Die Zeitkontrolle wird (sehr oft sehr dramatisch!) eingehalten, wenn man seinen 40. Zug (international) noch innerhalb der erlaubten 150 Minuten (zweieinhalb Stunden) auf das Brett gebracht hat. Überschreitet man das Limit nur um Sekunden, verliert man die Partie durch Zeitüberschreitung, gleichgültig, wie die Lage ist, ob man nun auf Gewinn, Remis oder Verlust steht.

„In Zeitnot sein"

Das ist eine ganz subjektive Zeitbeschreibung! Der eine fühlt sich schon in Zeitnot, wenn er für die letzten 10 Züge noch eine gute halbe Stunde hat, dem andern macht es keine Mühe, in 10 Sekunden 10 (keineswegs deshalb schlechte) Züge zu machen. Aber summa summarum darf man sagen, daß „in Zeitnot" auch die größten Meister das vergeuden, was sie in den gut zwei Stunden zuvor angesammelt hatten, durch feines und feinstes Spiel, durch geistige Schwerarbeit.
Mit Zeitnot-Tragödien könnte man Bücher füllen. Es besteht kein Zweifel, daß zahlreiche Pleiten, die wir im 3. Kapitel schilderten, ihren Ursprung in der Zeitnot hatten. Wie „in Zeitnot" viele Partien kippen, dafür zwei Beispiele (zusätzlich zu den in Kapitel 3 gezeigten), bei denen Spieler in Gewinnstellung der Schachuhr unfreiwillig Tribut zollten.
Die folgenschwerste Zeitnotniederlage erlitt V. Hort 1977 im Kandidaten-Viertelfinale, der vorletzten Stufe zum Thron des Weltmeisters. Er verpaßte in der 15. Partie in Gewinnstellung das Halbfinale! Weiß (Spasski): Kg1, De3, Tc1, Tf1, Lc5, Ba4, b3, e4, g2, h2; Schwarz am Zug (Hort): Kg8, Dd7, Ta8, Td2, Lb4, Bc2, f7, g6, h7. Es gab keinen 35. Zug von Schwarz mehr! Zeit überschritten! Nach 35. . . .Dg4 36.Tf2 Td1† 37.Tf1 Lxc5 38.Dxc5 Txc1 39. Txc1 Dd1 wäre der Tages- und Gesamtsieg für Hort klar gewesen!

Sekundenbruchteile

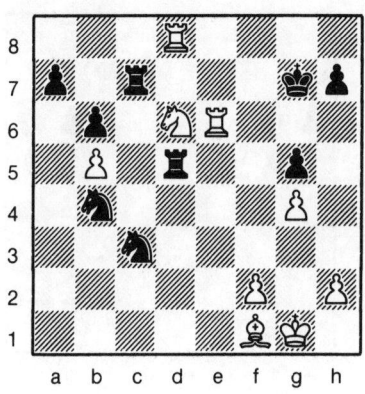

181 Weiß am Zug

Dr. Pfleger – Quinteros
MWM Luzern 1985

Wir begeben uns in Gedanken nach Luzern und kiebitzen bei der Mannschaftsweltmeisterschaft bei der Partie Dr. Pfleger (Bundesrepublik Deutschland) gegen Quinteros (Argentinien). Unser Großmeister drohte dem südamerikanischen Kollegen nach 37.Lc4 Td1† 38.Kg2 Txc4 Matt in zwei Zügen durch 39.Td7† K beliebig 40.Te8. Als aber Dr. Pfleger das Mattsetzen mit dem langsameren 39.Sf5† begann, fiel sein „Fähnchen" (an der Schachuhr), gerade als der weiße Springer seinen neuen Platz eingenommen hatte. Zeitüberschreitung! Zwar nur um Bruchteile von Sekunden. Verlust für Dr. Pfleger . . .
Bei großen Ski-Rennen liegen die Läufer oft nur um wenige Hundertstelsekunden auseinander, und die „Verlierer" (die alle ebenso toll wie der Sieger gelaufen sind) fragen sich: Wo haben wir denn die Hundertstel verloren? Genau das fragte sich Dr. Pfleger: Wo habe ich denn die Sekundenbruchteile verloren? Verstehen Sie nun, daß die Turnierspieler das Fähnchen an der Schachuhr (das nach Durchgang des großen Zeigers durch die 12 fällt) nur noch „Fallbeil" oder „Schwert des Damokles" nennen?

Nicht denken! Ziehen!

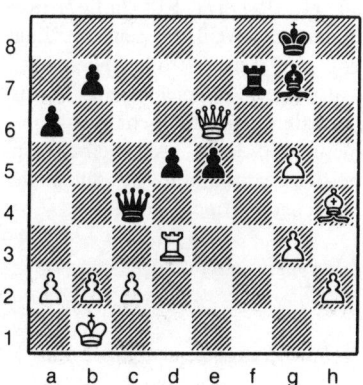

182 Schwarz am Zug

Jansa – Rodriguez
Biel 1985

Auch hier sind zwei Großmeister „am Werk"! Also keine Kreisklassenspieler, Kaffeehausspieler oder „Fallobst" für Meister. Man kann es direkt fühlen, wie die Nerven der

Halluzination

beiden Spieler (Jansa, CSSR, Rodriguez, Kuba) vibrierten, als die zitternden Hände des Kubaners 31. ...d4? auf das Brett brachten. Die Kiebitze rissen Mund und Augen auf und erlitten beinahe einen Schock, als Jansa mit 32.De8†? antwortete. Beide Spieler hatten mit ihrer Zeit so schlecht gewirtschaftet, daß sie für die restlichen acht Züge nur noch Sekunden hatten. 31. ...d4?? entstand aus der falschen Annahme, daß 32.Dxc4 sich wegen 32. ...Tf1 verbietet. Aber nach 32.Dxc4 bleibt Tf7 gefesselt. Zwei tolle Leistungen: d4 und De8†! Nach 32.De8† Tf8 33.Dh5 e4 34.g6 Tf2 35.Dh7† Kf8 36.Le7† Ke8 überschritt Weiß die Zeit, vier Züge vor der Zeitkontrolle. Hier hätte Caissa beide Spieler mit Verlust bestrafen müssen, nicht nur einen, nicht nur Jansa. Aber eine Doppel-Disqualifikation ist selbst der Schachgöttin nicht erlaubt ...

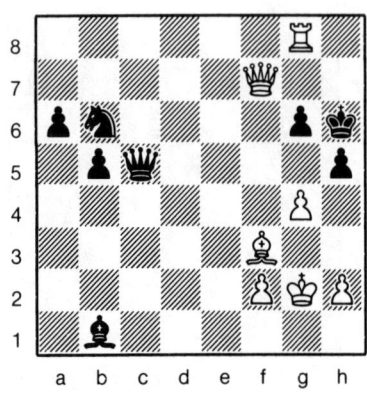

183 Weiß am Zug

Reshevsky – Sawon
Interzonenturnier
Petropolis 1973

Vielleicht darf ich zum Thema „Zeitnot" noch ein Beispiel zeigen, das deutlich macht, daß sich ein Spieler „in Zeitnot" oftmals nicht mehr als völlig normaler Mensch benimmt, sondern Halluzinationen unterliegt, wie hier der amerikanische Großmeister Sam Reshevsky, der seinen 40. Zug gerade noch schaffte — aber wie! Bei 40.Dxg6† rief er triumphierend „Matt". Ungerührt spielte der Sowjetmeister Sawon 40. ...Lxg6 — und Weiß gab auf. Interessant, daß der gute Sam trotz der Zeitnot erkannt hatte, daß 1.g5† wegen Dxg5† nicht zum Matt führte (wohl aber nach 1. ...Kxg5? 2.h4† Kxh4 3.Df4).

Blackout

Zu dem gefürchteten Blackout kommt es übrigens nicht nur in Zeitbedrängnis. Blackout ist eine Krankheit, die in jedem Stadium einer Partie auftreten kann. Sie endet immer tödlich. Dazu zwei besonders schwere Anfälle:

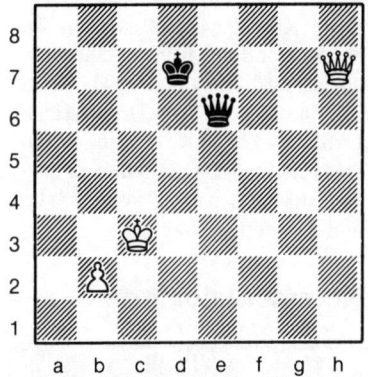

184 Weiß am Zug

Ferrantes – Watzl
Salsomaggiore 1952

Auf das Schach Dh7 begab sich die schwarze Majestät nach c8 und erwartete baldigen Friedensschluß, denn es war ein heißer Tag, und der letzte Bauer des Weißen hatte sicher keinen Marschallstab im Tornister. Dann geschah etwas Seltsames: Ferrantes zog 2.Dh3 und rief laut und deutlich: „Schach"! Er hatte einen Augenblick lang Dame und König des Gegners verwechselt. Natürlich bedankte sich Watzl mit 2. . . .Dxh3† und kassierte den Punkt.

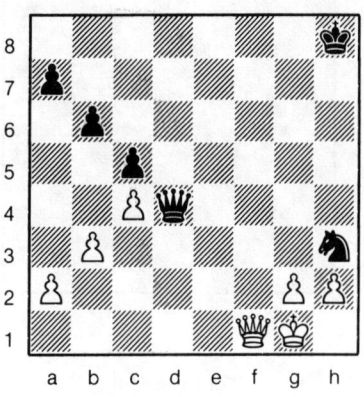

185 Weiß am Zug

Teleschow – Klus
Ljubljana 1959

Der weiße König steht im Doppelschach. Weiß rief: „Ich gebe auf!" Schwarz: „Würden Sie das wiederholen?" Weiß: „Ich gebe auf!" Die Partieformulare wurden unterschrieben, die Aufgabe war perfekt. Weiß: „Daß ich ein ersticktes Matt übersehe, das passierte mir noch nie." Schwarz: „Sie haben nicht ein ersticktes Matt übersehen, sondern nur, daß auf f1 ihre Dame steht und nicht ein Turm. Dg1† war gar nicht möglich!"

Stories

Fernschach

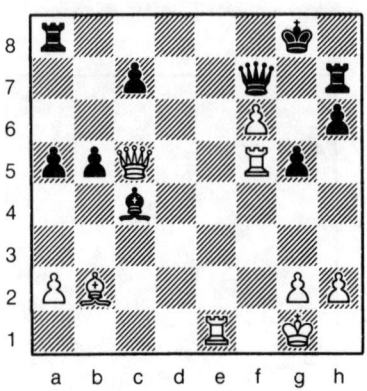

186

Weiß am Zug

London – Edinburgh
Städtekampf 1824

Diese Stellung hat Ludwig Steinkohl für sein ausgezeichnetes Buch „Faszination Fernschach" ausgegraben. Es handelt sich um eine der Partien, um den Städte-Fernkampf London gegen Edinburgh, der mit Hilfe der Post durchgeführt wurde und von 1824 bis 1828 dauerte. London hatte 27.Txg5† abgeschickt und als Eventualzug (der Zeit und Porto sparen sollte) nach 27....hxg5 28.Dxg5† angegeben. Dann entdeckte man ein Loch in der Kombination, versuchte bei der Postverwaltung die Herausgabe des Briefes zu erreichen, was strikt abgelehnt wurde, und bat schließlich Edinburgh, den Zug 27.Txg5 zurücknehmen zu dürfen. Edinburgh lehnte ab. Es bestand auf „Berührt-geführt"

wie im Nahschach. Seitdem darf auch im Fernschach kein einmal abgesandter Zug zurückgenommen werden.

Vielleicht interessiert der weitere Verlauf der berühmten Partie: (27.Txg5†) hxg5 28.Dxg5†) Kf8 29.Ld4 Le6 30.Dc5† Kg8 31.Dg5† Kf8 32.Lc5† Ke8 33.Dd5 Ta6 34.Db7 Dh5 35.f7† (Dxa6, Dxh2† und wohl remis) 35....Kxf7 36.Tf1† Kg6 37.De4† Lf5 38.De8† Tf7 39.Dg8† Kf6 40.g4 Ta8! (diesen Zug hatte London beim Analysieren übersehen) 41.Dxa8 Dxg4† 42.Kh1 Td7 43.La3 Kf7 44.Dc6 Td1 45.Dxb5 De4† 46.Kg1 Kg6 47.Db2 Dg4† 48.Dg2 Dxg2† 49.Kxg2 Lh3† 50.Kxh3 Txf1 51.Le7 a4 52.a3 Tf4, und London gab auf.

Kommentator irrte...

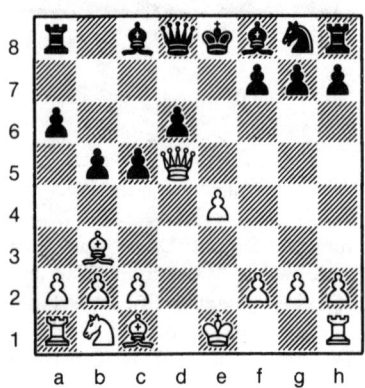

187

Schwarz am Zug

Dr. Aljechin – Yates
New York 1924

Das Turnierbuch „New York 1924" gilt noch heute als das beste der Schachliteratur, und sein Autor, Dr. Aljechin, als tiefschürfender Glossator und unübertrefflicher Kommentator. Aber selbst einem Aljechin unterliefen Fehler (das schmälert seinen Ruhm nicht). So schrieb er zu seiner Partie gegen Yates nach dem 9. Zug von Weiß: (Weiß: Dr. Aljechin, Schwarz: Yates — 1.e4 e5 2.Sf3 Sc6 3.Lb5 a6 4.La4 d6 5.d4 b5 6.Lb3 Sxd4 7.Sxd4 exd4 8.Dxd4 c5 9.Dd5.) Mit 9....Le6 konnte Schwarz nun remis erzwingen: 10.Dc6† Ld7 11.Dd5 Le6 und Zugwiederholung. Dabei war ihm entgangen, daß auf 11.Dd5 der Läuferzug gar nicht mehr nötig ist, sondern Schwarz mit 11....c4 eine Figur gewinnt. Die Partie gewann übrigens Aljechin, der hinter dem glänzend aufspielenden Exweltmeister Dr. Emanuel Lasker und Weltmeister Capablanca den 3. Platz belegte.

(Siehe Diagramm rechte Spalte oben)

Im gleichen Turnierbuch findet sich noch ein zweiter Kommentar, in dem Aljechin irrte. Die obige Stellung zwischen Eduard Lasker und Bogoljubow war nach dem 40. Zug von Weiß entstanden. Bogoljubow setzte mit 40....f6 fort. Aljechin schreibt, daß Schwarz hier mit 40....Td5 41.Db6 cxb5 42.Dxc7 Dd4† 43.Kh2 Sxf5 eine klare Gewinnstellung erreichen kann. Er wurde später widerlegt: 40....Td5 41.Db6 cxb5? führt nämlich nach

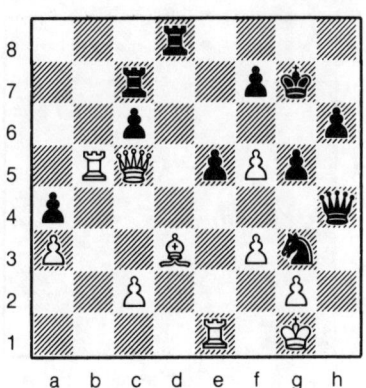

Schwarz am Zug

Eduard Lasker – Bogoljubow
New York 1924

42.f6† (damit kontrolliert Ld3 das Fluchtfeld h7) 42....Kg8 43.Db8† Tc8 44.Dxc8 Td8 45.Dxd8 zum Matt! Die Partie nahm nach 40....f6 einen dramatischen Verlauf: 41.Txe5! fxe5 42.Dxe5† Kg8 43.Tb4! Dh1† 44.Kf2 Tf7 45.Tb8? (das ergibt nur remis. 45.Kxg3 gewann!) 45....Txb8 46.Dxb8† Kg7 47.De5† Kf8 48.Db8† Kg7 49.De5†. Remis.

(Siehe Diagramm Seite 112 links oben)

In seinem berühmten Endspielbuch schreibt Großmeister R. Fine, daß die auf dem nächsten Diagramm wiedergegebene Stellung theoretisch remis sei. Er mußte sich die Korrektur seiner Behauptung gefallen lassen. Weiß gewinnt nämlich mit

Stories

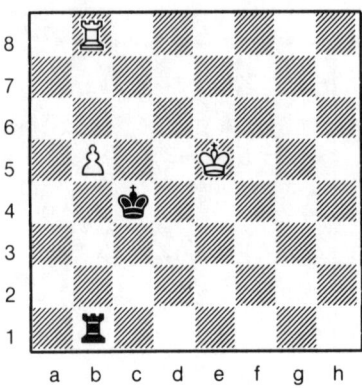

189 *Endspielbuch Fine*
Weiß am Zug

Hilfe eines zweimal auftretenden Tricks: 1.Tc8†! Kb4 (Kxb5? 2.Tb8†) 2.b6 Ka5 3.Ta8† Kb5 (Kxb6 4.Tb8†) 4.b7, und läuft in die Dame. Falls 1.Tc8† Kd3, so 2.Tc5! Dagegen ergibt 1.b6? nur remis nach Kb5 2.Kd6 Ka6 3.Kc7 Tc1† 4.Kd7 Tc2 usw.

Nun, das ist nicht so schlimm. Auch ein Kommentator im Schach hat das Recht, sich zu irren. Schlimmer ist, daß in vielen Anthologien (Problem-Sammlungen) Fehler jahrzehntelang weitergeschleppt werden, so daß eine gar nicht so kleine Zahl von Problemen für die Schachfreunde, die ihre Freude am Kunstschach haben, unlösbar werden. Was ja auch nicht im Sinne der Problemkomponisten ist, die es schon schwer genug haben, ihre Werke an eine größere Schachöffentlichkeit zu bringen..

Zugwiederholung

In Artikel 12 der FIDE-Regeln, der „Die unentschiedene Partie" überschrieben ist, steht unter Punkt 3: „Die Partie ist unentschieden auf Verlangen eines der Spieler, wenn die gleiche Stellung dreimal vorkommt, jedoch mit demselben Spieler am Zuge. Die Stellung wird als die gleiche angesehen, wenn Steine gleicher Art und gleicher Farbe auf den gleichen Feldern stehen, und wenn die Möglichkeiten, diese Steine zu ziehen, gleichfalls dieselben sind. Das Recht, ein Unentschieden zu beanspruchen, steht ausschließlich demjenigen Spieler zu, der a) in der Lage ist, einen Zug zu machen, der zur nochmaligen Wiederholung der Stellung führt, vorausgesetzt, daß er im voraus seine Absicht erklärt, diesen Zug auszuführen; b) der auf einen Zug zu antworten hat, durch den die nochmals wiederholte Stellung zustandegekommen ist. Wenn ein Spieler gezogen hat, ohne ein Unentschieden gemäß der Regel unter a) und b) beansprucht zu haben, so verliert er das Recht, ein Unentschieden geltend zu machen; er erlangt indessen dieses Recht wieder, wenn die gleiche Stellung erneut mit demselben Spieler am Zuge vorkommt." Ein Beispiel aus der Praxis kann am besten das „Remis durch Zugwiederholung" verständlich machen.

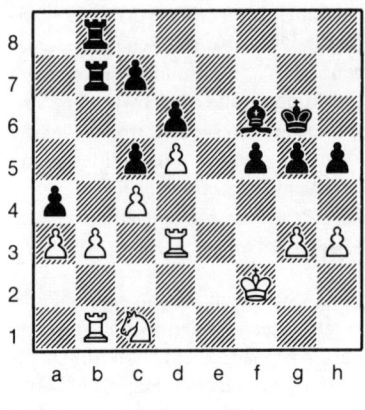

190 Weiß am Zug

Rautenberg – Röhrich
Stuttgart 1948

Kein mitfühlender Schachfreund wird behaupten, daß sich Weiß in dieser Stellung wohlfühlte. Es droht einfach Le5 und baldige Öffnung der h-Linie, denn die weißen Türme müssen „Mops" b3 beschützen. Auch eine Königswanderung des Schwarzen nach a5 kann man sich vorstellen. Worauf durfte also Schwarz noch hoffen? Nur auf seinen Gegner! Im Bestreben, die Stellung bis zum Abbruch unverändert zu halten, um besser analysieren zu können, hatte Röhrich freiwillig schon mehrmals Tb6-b7-b6 und Kg7-g6-f7-g6 gespielt, wobei ihm Rautenberg unfreiwillig durch Kf3-g2-f2 folgen mußte, immer voller Aufmerksamkeit, ob der Gegner nicht eine dreimalige Zugwiederholung übersehen würde. Röhrich vermied diese Klippe. Aber er vergaß sie bei der Wiederaufnahme! Es geschah (46. ...Lf6 war der Abgabezug) 47.Kf1 Le5 48.Kg2 Kf6?? , und das war just eine Stellung, die schon zweimal auf dem Brett gewesen war! Weiß reklamierte, der Schiedsrichter kontrollierte die Partieformulare, das Remis war klar.

Vergeudung

Ein Professor, selbst begeisterter Schachspieler, hat einmal formuliert: „Das Schachspiel ist die größte Vergeudung menschlichen Geistes!" Er hat nicht gesagt „eine sinnlose", aber seine Behauptung entbehrt nicht eines großen Kerns an Wahrheit. Man darf ja, wenn, sagen wir nach fünf Stunden Spielzeit, eine Partie abgebrochen wird, nicht nur die 40 oder 50 Zugpaare sehen. Selbst ein tiefschürfender Glossator kann das Geschehen beim Zweikampf der Gehirne nur in groben Zügen festhalten. Vor allem aber kann er nicht alles nachvollziehen, was von der Gedankenarbeit nicht auf das Brett übertragen wurde. Großmeister Dr. Robert Hübner ist wohl einer der gründlichsten Kommentatoren, aber wer vermag ihm zu folgen, wenn er zu einer einzigen Partie sechs, sieben, ja zehn Schreibmaschinenseiten Glossen gibt, alle fundiert, alle Aspekte erfassend? Die gedankliche Arbeit hinter den schließlich gewählten Zügen und ebenso zu den nicht ausgeführten durchleuchtend. Wer sich selbst kontrolliert, wird erstaunt sein, wieviel Züge, Pläne ihm sein „Schachcomputer im Gehirn" anbietet. Die meisten Gedanken verdichten sich nicht zu Zügen auf dem Brett, aber sie sind notwendig, um die Stellung im Griff zu behalten, um jederzeit agieren bzw. reagieren zu können.

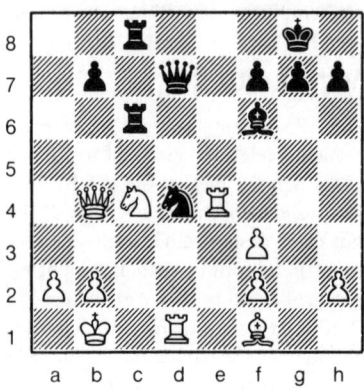

191 Weiß am Zug

Aus einer Partie der englischen Großmeister Short und Miles

Für unsere Betrachtung ist nicht wichtig, was in der Partie (die Short schließlich gewann) wirklich geschah. Es geht nur um eine einzige Variante. Miles hatte, wie er glaubte, gegen den Qualitätsverlust 22.Sb6 eine glänzende Parade vorbereitet: 22. . . .Se2! mit zwei Mattvarianten 23.Sxd7 Tc1† 24.Txc1 Txc1‡ oder 23.Lxe2 Dxd1† 24.Lxd1 Tc1‡. Short vermied „intuitiv" 22.Sb6, Miles glaubte, auf diesen Zug hin zu gewinnen. Beide Spieler aber hatten übersehen, daß nach 22.Sb6 Se2 die Bombe 23.Dxf8† für Weiß gewinnt! 23. . . .Kxf8 24.Sxd7†, die Dame wird also mit Schach geschlagen. 23. . . .Txf8 und die schwarzen Drohungen sind verschwunden. Vergeudete Geistesarbeit, weil weder die Zugfolge noch ihre Widerlegung auf dem Brett erschien?!

Varia

Sind Sie auch schon einmal bei einem unerwarteten Zug Ihres Gegners so erschrocken, daß Ihnen die Kaffeetasse aus der Hand fiel? (Wie mir einst beim Finale der Deutschen Mannschaftsmeisterschaft in Kassel gegen Rudi Teschner.)

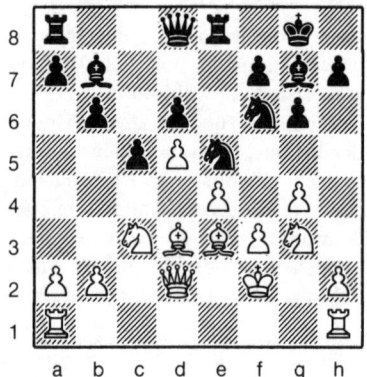

192 Schwarz am Zug

Pachman – Bilek
Keszkemet 1964

Großmeister Pachman hatte sich gerade eine Sodaflasche geholt und wollte den Wasserstrahl in sein Glas lenken. Als Großmeister Bilek überraschend 14. . . .Lxd5! spielte, lenkte Pachman vor Schreck den vollen Strahl der Wasserflasche statt in sein Glas auf das Brett und setzte Brett, Figuren, Partieformulare und den halben Gegner unter Wasser. Es gab eine große Überschwemmung, und es dauerte einige Zeit, bis alles wieder trocken war und weitergespielt werden konnte. Nun erst erfuhr Pachman die Pointe des Figurenopfers: Nach 15.Sxd5 Sxd5 16.exd5 Df6! 17.Le4 Sxg4† 18.Kg2 Sxe3† 19.Dxe3 Dxb2† 20.De2 Dxe2† 21.Sxe2 Lxa1 22.Txa1 b5 hatte Schwarz keine Mühe, seinen materiellen Vorteil zum Gewinn zu verdichten.

Der österreichische Meister hatte gegen den Griechen Gewinnstellung erreicht und ärgerte sich, daß der Nachfahre der Helden von Troja nicht aufgeben wollte. Er ärgerte sich so sehr, daß er ohne viel nachzudenken 1. . . .Ke8 zog. Er ärgerte sich dann noch mehr, als der listige Schach-Odysseus 2.Te7†! bot und auf das erzwungene 2. . . . Txe7 triumphierend Patt reklamierte und damit einen halben Punkt für die Mannschaftskasse beisteuerte. Hier hat sich wieder einmal Dr. Tartakowers berühmter Satz bewahrheitet, daß durch Aufgeben noch nie eine Partie gewonnen (remisiert) wurde!

Nicht ärgern!

Der einzige Verlust

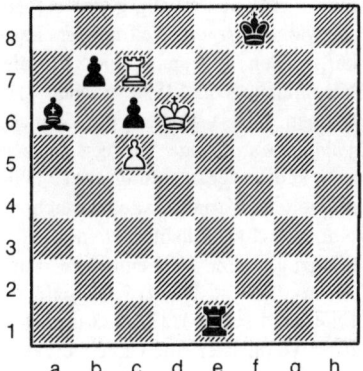

193 Schwarz am Zug

Panagopoulos - Lokvenc
Olympia
Amsterdam 1954

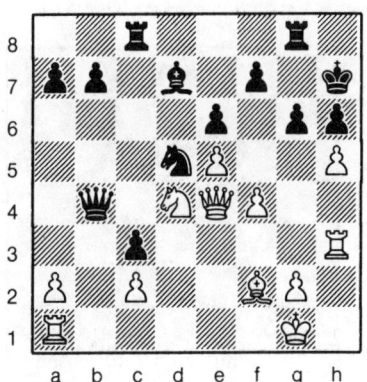

194 Schwarz am Zug

Chajes - Capablanca
New York 1916

Stories

José Raoul Capablanca y Graupera (1888 — 1942), der kubanische Weltmeister (1921 — 1927), galt viele Jahre als unschlagbar! Als er 1924 in New York gegen Réti verlor, war das eine Sensation, denn er war in über zehn Jahren nur einmal geschlagen worden. (In seiner ganzen Karriere verlor er nur 35 Turnierpartien.) Mich interessierte, wie diese einzige Niederlage wohl zustande gekommen war. Den Angriff von Weiß (der soeben h5 gezogen hatte) wollte er mit 1. . . .f5 stoppen, übersah dabei aber einen tückischen Abzug. Nach 2.exf6 ep. Sxf6? 3.hxg6† Txg6 4.Txh6† Kxh6 5.Sf5†, verlor er die Dame und die Partie.

Die Legende vom Wartenkönnen

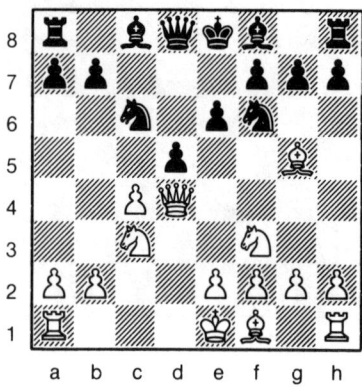

Weiß am Zug

Pillsbury – Dr. Em. Lasker
1896 und 1904

Um diese Stellung hat sich eine Legende gebildet. Der Führer der weißen Steine, der Amerikaner Harry Nelson Pillsbury (1872 — 1906), hatte 1896 beim Viermeister-Turnier in St. Petersburg aus dieser nach 1.d4 d5 2.c4 e6 3.Sc3 Sf6 4.Sf3 c5 5.Lg5 cxd4 6.Dxd4 Sc6 entstandenen Stellung heraus gegen Weltmeister Dr. Emanuel Lasker eine Glanzpartie verloren. Nach 7.Dh4 Le7 8.0-0-0 Da5 9.a3 Ld7 10.Kb1 h6! war Weiß in Nachteil geraten. Pillsbury hatte die St. Petersburger Partie genau analysiert und war zu dem Ergebnis gekommen, daß er im 7. Zug hätte stärker spielen und dadurch auch gewinnen können. Den gefundenen Zug trug er wie eine Kostbarkeit mit sich, acht Jahre lang, ohne ihn einmal anzuwenden. Er hoffte, irgendwann einmal seinen neuen Zug gegen seinen Bezwinger, gegen Weltmeister Lasker spielen und sich damit für die Niederlage von 1896 rächen zu können. Caissa gab ihm die Chance, 1904 in Cambridge Springs! Lasker sah keine Veranlassung, der 1896 gespielten Variante auszuweichen. Nun brachte Pillsbury seinen Geheimzug, seine Geheimwaffe aufs Brett: 7.Lxf6!. Nach 7. . . .gxf6 8. Dh4 dxc4 9.Td1 Ld7 10.e3 unterlief dem Weltmeister eine Ungenauigkeit: 10. . . .Se5? (Dr. Euwe schrieb: 10. . . .Le7 hielt das Gleichgewicht), und Lasker verlor die Partie: 11.Sxe5 fxe5 12.Dxc4 Db6 13.Le2 Dxb2 14. 0-0 Tc8 15.Dd3 Tc7 16.Se4 Le7 17.Sd6† Kf8 18.Sc4 Db5 19.f4 exf4 20.Dd4! f6 21.Dxf4 Dc5 22.Se5

Le8 (nicht Lc8? wegen 23.Dh6†
Kg8 24.Txf6 Dxe5 25.Td8†) 23.Sg4
f5 24.Dh6† Kf7 25.Lc4! Tc6 26.
Txf5† Dxf5 27.Tf1 Dxf1† 28.Kxf1
Ld7 29.Dh5† Kg8 30.Se5, und der
Weltmeister gab auf.

Es steht fest, daß der lange verborgen gehaltene Zug Pillsburys kein Zug war, der zwingend zum Gewinn führte, also keine Geheimwaffe. Aber die Geschichte fand Beifall, denn in der Praxis ist es doch so, daß jeder neue (gute oder schlechte Neuerung) Zug automatisch Gemeingut aller Schachspieler wird. Der Meister, der eine neue Variante ausarbeitet (mit viel Arbeit!), kann kein Patent auf seine Erfindung nehmen. Er hat vielleicht einige Partien lang einen gewissen Vorteil, aber sofort sind andere Meister dabei, ein „Gegengift" zu destillieren. Und, falls keines gefunden wird, gilt die neue Variante eben als nicht spielbar, bis einer kommt, der ihr neues Leben einhaucht.

Am seidenen Faden ...

Wenn man die Biographien großer Schachmeister studiert, fällt immer wieder auf, daß es einen Punkt gab, an dem ihre Karriere schon zu Ende zu sein schien, bevor sie richtig begonnen hatte. Aber mit unglaublicher Regelmäßigkeit stürzen sie nicht ab, denn immer hält sie die Hand der Glücksgöttin!

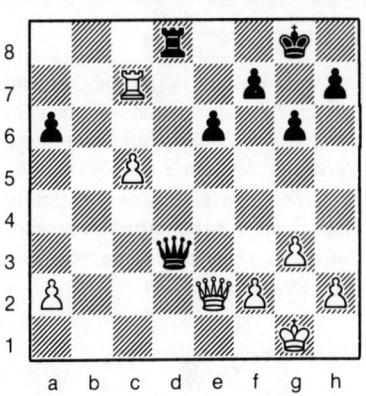

196 Weiß am Zug

A. Karpow – Hug
Jugendweltmeisterschaft
1969

Für Anatoli Karpow, den langjährigen Weltmeister, lag der gefährliche Punkt 1969 bei der Jugendweltmeisterschaft. Es galt, die Qualifikation für das Finale zu erreichen. Doch in der letzten Partie der Vorrunde mußte Karpow (damals 18) gegen den Schweizer Hug mindestens ein Remis erreichen, um überhaupt um den Titel mitkämpfen zu dürfen. Das Diagramm zeigt die entscheidende Stellung. Karpow zog 1.De5? und nach 1. ... Dd1† 2.Kg2 Dd5† 3.Dxd5 Txd5 endete die Partie im Turmendspiel remis. Das Finale gewann dann Karpow! Eigentlich aber hätte er gegen Hug verlieren müssen: 1.De5? Df3!, und Weiß muß aufgeben, da er Td1# nur durch Preisgabe der Dame hätte decken können, was auch Verlust bedeutete.

Stories

Polygamie

Wieviel Damen kann ein Spieler im Spiel haben? Neun — eine aus der Ausgangsstellung und acht durch Verwandlung seiner acht Bauern in acht Damen. Aber das kommt in einer Turnierpartie natürlich nie vor. Aber vier Damen, die waren schon öfter zu sehen.

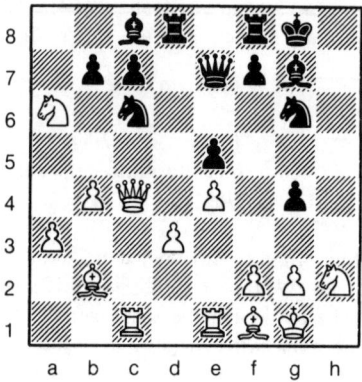

197 Schwarz am Zug

Csom – Barcza
In Ungarn gespielt

Man reibt sich die Augen und fragt: Woher sollen die zwei „Neuen" denn kommen? Den Marschallstab tragen der weiße b-Bauer und der schwarze g-Bauer. Es geschah: 1. . . . Td6 2. Sxc7 Dxc7 3.b5 Db6 4.bxc6 g3! 5. cxb7 gxf2† 6.Kh1 fxe1D! 7.bxc8D! De1-f2, und Weiß gab auf, denn es droht Dg1, wodurch die zweite weiße Dame nicht mehr zu retten ist.

Fünf Damen!

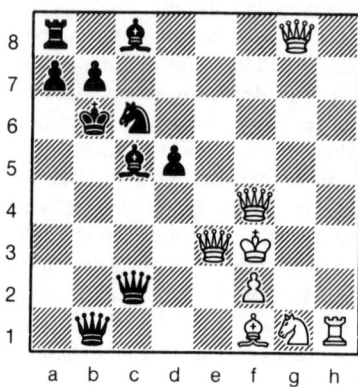

198 Weiß am Zug

Dr. Aljechin – Grigoriew
Moskau 1915

Es gibt — wer weiß es anders? — nur eine einzige Turnierpartie, in der sich nach einem wahren Schach-Krimi fünf Damen auf dem Brett tummelten. Ich hätte gerne die ganze Partie gebracht, aber ich fand in meinem Archiv nur diese Stellung. Die drei weißen Damen sind am Zuge, und das bedeutet Aktivität. Aber nicht eine der drei Königinnen wurde für würdig befunden, den entscheidenden Zug zu tun, sondern der Turm. Nach 1.Th6! (Fesselung des Sc6) gewann Weiß nach 1. . . . Dxf1 (Lxe3 2.Dd8† usw.) 2.Db4† Db5 3.Dd8† Ka6 4.Da3† Da5 5.Dxa5 #.

Verzeichnis der „Mitarbeiter"

Aaron 79
Aitken 85
Ahues 81
Albareda 79
Alivirta 21
Aloni 25, 39
Aljechin 15, 93, 110, 118
Alster 85
Andrejew 15
Ansorge 79
Auerbach 49

Bakulin 55
Bannik 23, 41
Barlov 102
Barcza 89, 118
Bastrikow 9
Beljawski 89
Benesch 103
Benkö 87
Berthold 49
Bilek 59, 114
Bisguier 85
Blackburne 29
Blaszczak 45
Boekdrucker 35
Bogoljubow 47, 111
Bonet 53
Borisenko 37
Botwinnik 25
Bronstein 17, 65, 55, 75
Buchal 13

Cafferty 33
Camara 85
Campora 37
Capablanca 115
Carbonnel, de 75
Cardoso 9
Carls 74
Castagne 83
Chajes 115

Che 27
Cholmow 81
Ciglic 105
Ciocaltea 67, 69
Ciric 27
Clarke 85
Clausen 63
Contoski 13
Cortlever 79
Cress 89
Csanadi 39
Csom 118
Cuellar 63
Czaya 37

Damjanovic 41
Darga 65, 75
Dely 83
Doda 77
Donnelly 71
Donner 27
Dorn 19
Dosza 63
Dückstein 35, 61
Dufresne 59
Dunkelblum 77
Duras 33
Dutch 55
Dyckhoff 77
Dziobek 53

Edinburgh 110
Eising 29
Eley 11
Engert 31
Eppinger 91

Fabel 10
Ferrantes 109
Fine 112
Fischer, R. 13
Flad 65
Fleck 91
Flohr 19
Forintos 39, 59

Freeman 15
Fuchs 83
Furman 81

Gama 51
Gaprindaschwili 37
Gauba 93
Geir 83
Geller 27, 63, 85, 104
Georgadse 23, 87
Gheorghiu 23
Gligoric 21, 49, 53, 61
Golombek 89
Golz 93
Gragger 19
Gresser 79
Grigoriew 118
Grigorian 89
Grynspan 15
Gscheidlen 91
Günsberger 53

Hajtun 27
Hallbauer 65
Hartman, W. 75
Hecht 45
Heidrich 91
Heisler 13
Herrmann 21
Herzog 23
Hindle 17
Holzhausen, von 13
Honfi 91
Horne 51
Hresc 102
Hromadka 8
Hübner, R. 41, 73, 79
Hug 117
Hukel 43
Hussong 21

Ivanovic 99
Ivkov 33, 35, 67
Indjic 105

Jansa 107
Jayaraman 79
Johannssen 49
Johansson 57
Janowski 43
John 81
Joppen 100
Junge, K. 33

Kaminski 15
Kanko 59
Karaklaic 37
Karolyi 29
Karpow, A. 23, 71, 73, 117
Kasparow, G. 23, 37
Kasparow, G. M. 31
Kataly 59
Keene 45
Keogh 25
Keres 21
Kieninger, G. 31
Kinmark 23
Kluger 67
Klus 109
Kofman 43
Kolaroff 49
Kornfilt 43
Kortschnoi 9, 73, 75, 98
Kozma 11
Kuypers 51

Lamberti 43
Lampe 87
Lapiken 93
Larsen 19
Lasker, Ed. 8, 111
Lasker, Em. 45, 116

„Mitarbeiter" dieses Buches

Lehmann, H. 81
Lein 69
Lematschko 65
Lewander 35
Lewis 71
Liddel 71
Lilienthal 57
Littlewood 51
London 110
Lokvenc 115
Lutikow 41

Mädler 61
Malich 35, 91
Mnazakanjan 59
Marcus 83
Mardle 51
Marshall 8, 39
Matanovic 27
Matulovic 33
Mazzoni 55
Medina 89
Miles 114
Minew 11, 19
Möhring 17, 93
Müller, H. 47

Nabb Mc. 17
Nacke 103
Naegele 93
Najdorf 21, 85, 101
Nedelkovic 100
Negyessi 91
Nej 69
Neumann 59
Newman 63
Nunn 65, 102

Olafsson 83
Oliff 25
Onescius 51
Ophoff 57
Ostermeyer 13
Owessen 63

Pachman, L. 67, 114
Panagopoulos 115
Parma 53
Paz 45
Perez 21, 65
Persitz 55
Perlis 74
Petersen 69
Petrosjan 19, 41, 98
Pfleger 107
Pillsbury 116
Platz 39, 57, 87
Polugajewski 29, 41, 65
Popov 83
Portisch 11, 19, 37, 75
Porat 61
Prins 81
Pritchard 33
Priwonitz 77
Przepiorka 54

Quinteros 107

Radovic 49
Ranniku 95
Rasmussen 102
Rautenberg 113
Reissmann 69
Rellstab 47
Reshevsky 13, 93, 108
Reti 77
Rey 47
Richter, E. 5
Rico 53
Rodriguez 25, 107
Röder 29
Röhrich 113
Rojahn 69
Romanowsky 39
Rossetto 9

Rossolimo 69
Roth 51
Rubinstein 8
Rubzowa 95
Rukavina 99
Rusink 71

Sämisch 23, 81
Safvat 61
Salo 59
Salwe 67
Sandor 67
Satulowskaja 79
Sawon 109
Schachar 39
Schallopp 43
Schamkowitsch 57
Schewe, von 53
Schiele 93
Schlage 81
Schuster 74
Segal 45
Sherman 11
Short 114
Sköld 49
Sliwa 77, 91
Smyslow 17, 87
Snosko-Borowsky 33, 67
Sölter 57
Sokolov 27, 87
Sonntag, G. L. 10
Soos 25, 53
Spasski 65
Stahlberg 55
Stancia 69
Starck 49
Staudte 37
Stefanow 15
Steger 77
Steiner, A. 57
Stubik 11
Sutey 35
Sugden 55
Suni 21
Suta 35

Suttles 29
Szabo 61, 63
Szilagyi 41

Taimanow 17, 27, 75, 104
Tal 19
Tallentyre 71
Tarrasch 13
Tartakower 47, 74, 85
Taylor 43
Teleschow 109
Teschner 55, 101
Timman 17, 71
Tolusch 23
Tomovic 87
Toran 51
Torre 45
Trojanescu 25
Tschélebi 89
Tscherepkow 41
Tschigorin 29

Uhlmann 29, 35, 61, 83
Unzicker 77
Udovcic 100

Wade 100
Wagner 47
Watzl 109
Weber 15
Winiwarter 15
Witkowski 45
Wolf 33
Wolk 75
Wolowitsch 43
Wood 11, 63

V. V. — Yakimshik 47
Yates 39, 110

Zinn 87
Zinser 37
Zwaig 61